449

LIVRE D'OR

DU

SANATORIUM

DE TOURAINE

(SAINTE-RADEGONDE, PRÈS TOURS)

AU SANATORIUM DE TOURAINE

A SAINTE-RADEGONDE, PRÈS TOURS

—

1895

LIVRE D'OR

DU

SANATORIUM

DE TOURAINE

TOURS, IMPRIMERIE DESLIS FRÈRES

LIVRE D'OR

DU

SANATORIUM

DE TOURAINE

(SAINTE-RADEGONDE, PRÈS TOURS)

AU SANATORIUM DE TOURAINE

A SAINTE-RADEGONDE, PRÈS TOURS

—

1895

ŒUVRE DES ENFANTS TUBERCULEUX

DE TOURAINE

M. Gazeau-Genève, avocat, 12, avenue de Grammont, Tours;

M. le Dr Guérault, 35, r. de l'Archevêché, Tours;

M. Hardion fils, architecte, 11, r. Traversière, Tours;

M. l'abbé Maugis, président d'œuvres ouvrières, 2, r. des Ursulines, Tours;

M. le Dr Ménier, 68, r. Marceau, Tours;

M. le Dr Roux, à Chinon (Indre-et-Loire).

COMITÉ MÉDICAL

Président d'honneur

Dr Renaut, professeur à la Faculté de médecine de Lyon, membre correspondant de l'Académie de médecine.

Président

Dr Albert Robin, professeur agrégé à la Faculté de médecine de Paris, médecin des Hôpitaux, membre de l'Académie de médecine.

Membres

Dr Paul Archambault, professeur suppléa t à l'École de médecine de Tours, médecin de l'asile des aliénés;

Dr L. Bartoli, à Blois;

Dr Bezard, médecin de l'asile de Clocheville et de la maison de convalescence Tonnelé, à Tours;

Dr Bouchet, médecin à Lesigny (Vienne);

Dr A. Chaumier, à Bléré (Indre-et-Loire);

Dr Edmond Chaumier, président de l'Œuvre, médecin du Dispensaire d'enfants de la rue des Acacias, à Tours;

Dʳ Comby, médecin des Hôpitaux de Paris ;
Dʳ Crépel, au Grand-Pressigny (Indre-et-Loire);
Dʳ Delaître, médecin de l'état civil de Tours;
Dʳ Françon, à Aix-les-Bains ;
Dʳ Gaudeau, à La Haye-Descartes (Indre-et-Loire) ;
Dʳ Guérault, membre du Conseil d'administration de
    l'Œuvre, à Tours ;
Dʳ O. Herpin, professeur à l'École de Médecine de
    Tours ;
Dʳ Marjolin, membre de l'Académie de médecine, à
    Paris ;
Dʳ Ménier, membre du Conseil d'Administration de
    l'Œuvre, chirurgien adjoint à l'Hôpital de Tours;
Dʳ Mourruau, à Preuilly (Indre-et-Loire) ;
Dʳ Schoofs, médecin du chemin de fer de l'État, à
    Tours ;
Dʳ Toffier, à Vouvray (Indre-et-Loire);
Dʳ Triaire. vice-président de l'Œuvre, président de la
    Croix-Rouge ;
Dʳ Wolff, professeur à l'École de Médecine de Tours.

Le Sanatorium est dirigé par les Religieuses de la
Providence, de la Pommeraye.

STATUTS

But et composition de l'Œuvre

ARTICLE PREMIER. — L'Œuvre des Enfants Tuberculeux de Touraine a pour but :

1º De traiter gratuitement, par des moyens médicamenteux, une alimentation spéciale et une hygiène particulière, les enfants pauvres des deux sexes, atteints de tuberculose ;

2º Et de créer, à cet effet, un sanatorium et asile où les enfants malades seront soignés.

ART. 2. — L'Œuvre se compose des personnes des deux sexes qui adhèrent aux présents Statuts. Les membres titulaires payent une cotisation annuelle de 10 francs.

Cette cotisation peut être rachetée pour une somme de 100 francs une fois payée.

Les membres donateurs sont ceux qui versent une somme de 100 francs par an, rachetable pour 1,000 fr.

Les membres bienfaiteurs payent une cotisation annuelle de 200 francs au moins, rachetable pour 2,000 francs au moins.

Le prix de l'entretien annuel d'un lit est de 500 francs. Toute personne qui verse annuellement cette somme ou fait don d'une somme de 10,000 francs reçoit le titre de membre fondateur.

Le nom du fondateur est inscrit à la tête d'un lit, dont il a la disposition pendant toute sa vie.

Pour devenir membre de l'Œuvre il suffira de donner son adhésion aux présents Statuts, et de s'engager à verser une des cotisations prévues par le présent article.

Les mineurs ne pourront donner cette adhésion, ni prendre cet engagement sans le concours et l'autorisation de leurs parents ou tuteurs.

Administration

ART. 3. — L'Œuvre est administrée par un Conseil composé de vingt membres pris parmi les adhérents et élus au scrutin de liste par l'Assemblée générale des membres de l'Œuvre.

ART. 4. — Le Conseil d'administration choisit, parmi ses membres, un Bureau composé de: 1 Président; 2 Vice-Présidents; 1 Secrétaire général; 1 Trésorier; et 1 Secrétaire des séances, qui pourra être Secrétaire général.

Le Bureau est élu pour un an.

ART. 5. — Le Conseil d'administration peut décerner le titre de Président d'honneur aux personnages officiels de la ville et du département et aux personnes qui auraient rendu des services importants à l'Œuvre.

ART. 6. — Le Conseil d'administration choisit des Dames Patronesses, chargées d'aider au développement et au service de l'Œuvre.

ART. 7. — Le Bureau se réunit aussi souvent qu'il est nécessaire et au moins une fois par mois.

Le Conseil d'administration se réunit quand le Bureau le convoque, et au moins une fois par trimestre.

Il délibère valablement quand six membres, au moins, sont présents. Les décisions sont prises à la majorité des voix.

Art. 8. — Le Conseil d'administration a l'administration générale de l'Œuvre. Il a, à cet effet, les pouvoirs les plus étendus, fixe toutes les recettes et dépenses.

Il prescrit toutes les mesures nécessaires pour la régularité et le contrôle de la comptabilité, qu'il peut confier à des employés salariés.

Il autorise tous marchés et en surveille l'exécution.

Il nomme et révoque tous employés et fixe leurs traitements et salaires. Il détermine l'emploi de tous les capitaux disponibles.

Il peut déléguer tout ou partie de ses pouvoirs à un ou plusieurs membres du Bureau, chargés de lui rendre compte de leur mission.

Art. 9. — Le Président du Conseil d'administration représente l'Œuvre en justice et dans tous les actes de la vie civile.

Art. 10. — Les dépenses, approuvées par le Conseil, sont payées sur un mandat signé par le Président ou son délégué.

Art. 11. — Le Conseil d'administration s'adjoint un Comité médical chargé de la Direction scientifique et technique de l'Œuvre.

Art. 12. — Les membres du Conseil d'administration ne peuvent, sous aucun prétexte, recevoir une indemnité quelconque en raison de leurs fonctions.

Assemblées générales

Art. 13. — Dans le premier trimestre de chaque année, il sera tenu une Assemblée générale de tous les membres de l'Œuvre, sur la convocation faite par le Conseil d'administration.

Cette Assemblée générale élit les membres du Conseil, entend les rapports du Président et du Trésorier sur la situation matérielle et morale de l'Œuvre et statue sur toutes les propositions qui lui sont présentées par le Conseil.

Les discussions politiques et religieuses sont formellement interdites dans les réunions de la Société.

Budget

Art. 14. — Les recettes de l'Œuvre se composent : Des cotisations des adhérents, des revenus des capitaux employés, des dons, du produit des quêtes, fêtes et conférences organisées à son profit.

Art. 15. — Sur les recettes annuelles, il est prélevé 5 o/o pour former un fonds de réserve destiné à subvenir aux dépenses imprévues.

Art. 16. — Les fonds provenant du rachat des cotisations seront capitalisés.

Art. 17. — Les fonds ainsi mis en réserve seront employés en rente française 3 o/o, ou obligations des six grandes Compagnies de chemins de fer français.

Ces valeurs ne seront vendues qu'avec l'autorisation spéciale du Conseil d'administration.

Art. 18. — Le siège de l'Œuvre est à Tours.

Art. 19. — Sa durée est illimitée ; sa dissolution ne pourra être prononcée que par l'Assemblée générale convoquée spécialement à cet effet, sur l'avis conforme du Conseil d'administration.

En cas de dissolution, l'Assemblée décidera de l'emploi des fonds en caisse, qui ne pourront être affectés qu'à une Œuvre de charité désignée par l'Assemblée générale.

La liquidation s'opèrera suivant les règles du droit commun.

ART. 20. — Nulle modification, ou addition, ne pourra être faite aux présents Statuts sans l'autorisation de l'Assemblée générale et de l'autorité compétente.

ART. 21. — Un règlement intérieur, établi par le Conseil d'administration, fixe et modifie tous les points de détail relatifs au bon fonctionnement de l'Œuvre, notamment l'âge d'admission, au Sanatorium et asile, et de sortie des enfants à traiter, la durée des soins à leur donner, l'organisation et l'administration du Sanatorium.

Vu pour être annexé à notre arrêté en date de ce jour :

Tours, le 17 novembre 1893.

Pour le Préfet :
Le Secrétaire général,
Edgard COMBES.

ARRÊTÉ D'AUTORISATION

Nous, Préfet d'Indre-et-Loire, chevalier de la Légion d'honneur ;

Vu les articles 291 et suivants du Code pénal ;

Vu la loi du 10 avril 1834 ;

Vu la demande formée par M. Lainé, demeurant à Tours, à l'effet d'obtenir l'autorisation administrative pour une Société en voie de formation à Tours sous la dénomination d'« Œuvre des Enfants Tuberculeux de Touraine » ;

Vu les statuts présentés à notre examen et dont un exemplaire est ci-annexé ;

Vu l'avis de M. le Maire de Tours ;

ARRÊTONS :

ARTICLE PREMIER. — La Société dite « Œuvre des Enfants Tuberculeux de Touraine », dont le siège est à Tours, est autorisée.

ART. 2. — La présente autorisation sera toujours révocable.

ART. 3 — En cas de modification aux Statuts l'Association devra demander de nouveau à l'autorité com-

pétente l'autorisation prescrite par l'article 291 du Code
pénal.

Art. 4. — M. le Maire de Tours est chargé de l'exécution du présent arrêté.

Fait à Tours, le 17 novembre 1893.

Pour le Préfet,
Le Secrétaire général,
Signé : Edgard Combes.

Pour copie conforme :
Le Conseiller de Préfecture délégué,
H. Bonnefons.

L'an 1893 et le 23 novembre, à trois heures de rele-
vée :

Nous, Paul Tomasi, commissaire de Police à Tours,
plus spécialement chargé du premier arrondissement ;

Officier de Police judiciaire et administrative ;

Notifions à M. Lainé, président provisoire de la
Société en voie de formation à Tours, sous la dénomination d'« Œuvre des Enfants Tuberculeux de Touraine », l'arrêté préfectoral, d'autre part, afin qu'il n'en
ignore et ait à s'y conformer, et lui laissons la présente
ampliation, ainsi que les Statuts approuvés y annexés,
à telles fins qu'il appartiendra.

Le Commissaire de Police,
Tomasi.

SÉANCE GÉNÉRALE ANNUELLE DE 1894

La réunion générale a eu lieu dans les salons du Dr Triaire, sous la présidence de M. Paul Mame, président d'honneur, qui, après avoir adressé des remerciements à toutes les personnes qui ont contribué à la fondation et aux progrès de l'Œuvre, donne la parole au Dr Triaire.

DISCOURS DU Dr TRIAIRE

VICE-PRÉSIDENT DE L'ŒUVRE DES ENFANTS TUBERCULEUX DE TOURAINE

MESDAMES, MESSIEURS,

Je dois à l'honneur de vous recevoir ici le devoir de vous remercier de l'empressement avec lequel vous avez répondu à l'appel du Comité de l'Œuvre des Enfants Tuberculeux, et celui de vous exposer, en quelques mots rapides, la conception de cette Œuvre qui a abouti à la création du Sanatorium de Touraine.

Cet établissement est consacré, vous le savez, au traitement des enfants phtisiques. Mais sa création a éveillé une objection, qui a été formulée par des personnes qui ne sont pas parfaitement au courant des graves et intéressantes questions que soulève le problème de la

2

tuberculose. — « Pourquoi, en effet, a-t-on dit, créer
« à grands frais un hôpital spécial pour les phtisiques?
« La tuberculose est une affection très ancienne, qui a
« toujours existé, qui existera toujours; un mal dont
« il faut, comme de tant d'autres, prendre son parti,
« et qui doit être traité comme les maladies ordinaires
« dans des hôpitaux communs. » Telle est la nette
objection qui nous a été le plus souvent adressée.

Messieurs, elle ne tient ni devant la science, ni
devant le raisonnement, ni devant les faits, ni devant
l'expérience, ni même devant, et ce seul argument
suffirait à la rigueur, ni même, dis-je, devant les tradi-
tions et les règlements hospitaliers.

La tuberculose n'est pas, en effet, une affection
comme une autre. Elle est la plus meurtrière des maladies. Sa contagiosité explique son extraordinaire propagation. Rien qu'en France, elle fournit à la mortalité
150,000 victimes, dont 11,000 appartiennent à la population parisienne; c'est-à-dire qu'elle fait à elle seule
plus de ravages que toutes les maladies épidémiques
réunies, plus que toutes les guerres n'ont pu en faire
depuis le commencement du siècle et que, malgré la
diversité de nos âges et de nos tempéraments, il n'est
pas un d'entre nous qu'elle ne guette, s'il ne prend les
précautions nécessaires pour se défendre contre elle.

Sans doute, on devrait penser qu'un tel fléau qui
dépasse en catastrophes les plus grandes et les plus
redoutables épidémies, qu'un mal qui prélève une dîme
aussi considérable sur une population dont on entend
regretter tous les jours le progressif amoindrissement
par la constante diminution de la natalité, qu'une affection dont l'étude a été poussée si loin, dont les ori-
gines, l'évolution, le mode de transmission, les indica-

tions thérapeutiques et hygiéniques sont connus, est l'objet des précautions sanitaires les plus minutieuses, et que toutes les mesures sont prises pour entraver son développement, sa propagation, et pour sauver l'humanité qu'elle menace.

Messieurs, il faut, pour répondre à cette question, se placer sur un terrain pratique, et je vous invite à vous transporter avec moi au foyer d'un tuberculeux pauvre. Plus d'un d'entre vous a accompli ce charitable et pieux pèlerinage et le tableau que je vais vous tracer n'est pas fait pour le surprendre. Dans une ou deux pièces plus ou moins élevées, plus ou moins spacieuses d'un quartier ouvrier ou marchand, froides en hiver, brûlantes en été, dans des conditions d'aération, d'exposition et d'hygiène ambiantes le plus souvent détestables, vit une famille ouvrière composée de cinq personnes: un homme et quatre enfants. La mère est morte de la poitrine; le père travaille au dehors; l'aînée des enfants, une jeune fille âgée de quinze ans, déjà dressée par la longue maladie de la mère aux travaux domestiques, est prématurément maitresse de maison. Elle fait le ménage, les commissions, habille et soigne ses frères et sœurs en bas âge. C'est une bonne enfant, travailleuse, très raisonnable pour son âge et qui a la nette conscience du devoir qui lui incombe. Mais, sous l'influence de ce travail exagéré, par suite aussi des privations, voici que la terrible hérédité se révèle. Un jour, elle se met à tousser, elle perd l'appétit et sent diminuer ses forces. Elle dépérit, ses traits s'affinent et revêtent cette expression de mélancolique et sympathique douceur, sorte de transfiguration pathologique qui accuse la présence de la redoutable lésion et semble la parure suprème, l'ultime coquette-

rie de la nature au moment où elle prémédite de livrer
la jeunesse à la mort.

A ce moment, cependant, la petite malade pourrait
encore être sauvée. Le mal est à ses débuts et, avec les
moyens dont dispose aujourd'hui la science, avec les
nouvelles médications, la guérison serait peut-être
possible. -- Possible, cela est vrai, mais il s'agit
pourtant de la plus longue, de la plus délicate, de la
plus difficile des cures, et ce n'est pas ici qu'elle est réa-
lisable cette cure, dans ce misérable réduit où tout
manque : air, soleil, nourriture, hygiène, et où chacun
de ces éléments de la vie, altéré dans sa propre subs-
tance, retourné contre sa fin dernière, conspire en
faveur de la mort. Vous songez avec un profond sentiment de regret au midi, à la campagne, aux sanatoria
récemment établis dans quelques contrées privilégiées
et dont vous avez entendu parler, enfin à toutes les
ressources qui sont devenues banales dans le traitement de ces affections ; mais vous êtes obligés de reve-
nir de ces châteaux en Espagne, et vous vous arrêtez en
gémissant à l'idée de l'hôpital.

L'hôpital, cela est naturel, mais on voit bien que
vous ne connaissez pas l'organisation de nos établissements hospitaliers. Les hôpitaux spéciaux d'enfants ne
reçoivent pas de phtisiques, à cause de l'éventualité
de la contagion, et aussi, sans doute, à cause de la durée
trop longue de la maladie. Les hôpitaux généraux ne
les admettent pas davantage.

Ils les refusaient autrefois comme incurables, ils les
refusent aujourd'hui comme contagieux. Je pense que
la raison de cherté et d'encombrement par les maladies
aiguës exerce aussi son influence. Aussi, en insistant
beaucoup, obtiendrez-vous peut-être pour votre petite

protégée un séjour de quelques semaines. Mais, si, au bout de ce temps, l'état de la malade s'est un peu amélioré ou s'il n'est pas notablement aggravé, on la fera sortir et vous vous trouverez dans la même situation.

Il faut donc que cette intéressante enfant reste dans le milieu fatal où elle a contracté le germe de sa maladie; il faut que, malgré la sollicitude de votre charité, malgré les soins dont elle est entourée, malgré la pitié de tous ceux qui l'approchent, malgré la nature qui sourit à sa jeunesse; il faut qu'elle poursuive les stations du calvaire de sa douloureuse maladie; il faut, enfin, qu'elle meure; il faut plus encore, il faut qu'avant de mourir elle devienne une source d'infection pour ses frères et sœurs qui peut-être devront à leur tour la suivre dans la tombe.

Cet exemple si topique, que j'ai choisi parmi un des plus touchants, est loin d'être isolé. Il se répète fréquemment, et il n'est pas de dame de charité, il n'est pas de médecin qui ne l'ait observé. Il constitue une réponse suffisamment péremptoire aux objections qui ont été adressées à l'Œuvre des Enfants tuberculeux.

Mais, Messieurs, quel est donc le moyen de restreindre les progrès de ce fléau, de le circonscrire, de l'enrayer, en attendant qu'on obtienne sa disparition. Quel est aussi le moyen de soulager les misères tragiques qui trop longtemps ont laissé impuissants les cœurs les plus compatissants et les âmes les plus généreuses.

Il n'en est pas d'autres, tous les hommes compétents sont d'accord à ce sujet, que celui qui consiste à recueillir dans des établissements spéciaux les phtisiques et, particulièrement, les enfants suspects de phtisie, les tuberculisables, ceux que l'on appelle, par un doulou-

reux euphémisme, les candidats à la tuberculose, de
les soigner et de les garder jusqu'à ce que la guérison
soit complète. L'établissement de Villepinte, celui
d'Ormesson ont été créés dans ce but, il y a peu d'années,
et sont aujourd'hui en pleine prospérité.

Issus directement du Comité médical qui a fondé
Ormesson, nous avons procédé comme les illustres
confrères qui nous ont tracé la voie, et notre premier
acte (il est toujours vrai que la marche est la meilleure
démonstration du mouvement) a été de créer en Touraine un asile pour les jeunes tuberculeux. Pour la dé-
termination géographique de l'emplacement nous ne
pouvions guère être embarrassés. Il existe, en effet,
aux environs de Tours un point spécial et privilégié
qu'Esquirol et Trousseau désignaient déjà, il y a cinquante ans, à Bretonneau, pour y établir des phtisiques.
Ce point est situé sur les pentes étagées de Marmou-
tier. C'est là, sur ces collines célèbres, qui sont for-
mées de la poussière de l'histoire, et ont été foulées
aux pieds par des saints, des héros, des savants et des
rois, que, par un de ces contrastes frappants auxquels
se plait l'évolution des choses, nous avons établi
l'asile paisible et champêtre de nos jeunes malades.

Adossé au rocher séculaire, étagé en terrasses très
élevées au-dessus du niveau de la Loire, abrité des
vents du nord par la pente douce du coteau, présen-
tant au midi sa façade qu'illuminent les premiers et
les derniers rayons du soleil, ayant à l'est les ruines du
vieux monastère, et à l'ouest la Cité Tourangelle, cet
asile réalise toutes les exigences du sanatorium modèle,
et nous ne pensons pas qu'il y en ait un au monde qui
puisse offrir d'aussi merveilleuses conditions d'exposition et de salubrité.

C'est là que, grâce à vous, Mesdames et Messieurs, grâce à quelques membres de ce Comité, dont la traditionnelle bienfaisance vous est bien connue, et aussi grâce au dévouement inaltérable de son président, M. le Dʳ Chaumier, et à la générosité d'une femme de bien, aussi admirable dans sa charité que modeste et simple dans sa vie, nous avons pu recevoir dix à douze enfants, qui sont nos hôtes actuels. Ils sont douze, aujourd'hui ; ils seront cinquante, dans six mois ; cent, plus tard, si vous le voulez. C'est le cas de vous rappeler, Mesdames, la célèbre allocution de saint Vincent de Paul aux Dames de son temps, qu'il avait réunies pour leur proposer une bonne œuvre :

« Or sus, Mesdames, vous êtes des juges : si vous le voulez, ces enfants vivront ; si vous ne le voulez, ils sont morts. »

Les Dames entendirent et voulurent, et l'hospice de la Salpêtrière fut fondé.

DISCOURS DU D' CHAUMIER.

PRÉSIDENT DE L'ŒUVRE DES ENFANTS TUBERCULEUX
DE TOURAINE

MESDAMES, MESSIEURS,

Après les paroles si touchantes de M. Triaire, je m'exposerais à répéter — d'une façon beaucoup moins parfaite — ce qu'il vient de dire, si je vous entretenais longuement du but de notre Œuvre.

Ce but, vous le connaissez, puisque vous vous êtes joints à nous dès la première heure, dès que nous avons poussé le cri d'alarme.

Nous vous avions exposé alors l'étendue du mal, nous vous avions montré qu'à Tours, d'après les statistiques municipales, presque le tiers des décès devait être attribué à la tuberculose ; le tiers, chiffre très loin d'exprimer le nombre réel des tuberculeux! Beaucoup de ces malades, en effet, rendus plus vulnérables, succombent à une maladie intercurrente et sont classés sous une autre rubrique dans les tables de mortalité.

Beaucoup aussi guérissent, et c'est là pour nous le point capital.

En venant à nous, vous aviez compris l'importance de ce grand mouvement de défense sociale contre le fléau de la tuberculose, qui s'est manifesté dans tous les pays civilisés.

Vous saviez qu'il y a quelques années l'*Œuvre de la Tuberculose* a groupé tous ceux qui cherchent les moyens de détruire le mal. Cette œuvre a à sa tête l'infatigable professeur Verneuil, toujours sur la brèche malgré ses soixante-dix ans. Le *Congrès de la Tuberculose* est le complément de cette œuvre.

Vous saviez que, de tous côtés, surtout sous l'impulsion du Dr Armaingaud — le père des sanatoria — il se construisait, au bord de la mer ou dans les montagnes, des hôpitaux pour les enfants atteints de tuberculoses locales.

Armaingaud, qui a fondé le Sanatorium d'Arcachon, en grande partie avec ses propres ressources, a créé aussi la *Ligue contre la Tuberculose*, dont le but est de faire connaitre par des conférences les moyens à opposer au terrible mal.

M. Triaire vous a dit un mot de l'œuvre d'Ormesson, sœur ainée de la nôtre, ainée de quelques années seulement, et qui a déjà recueilli bon nombre d'enfants.

Il vous a également entretenu de Villepinte, asile pour les jeunes filles poitrinaires.

Vous saviez qu'à l'Étranger, en Angleterre, en Allemagne, en Italie, en Italie surtout, il s'était fondé de nombreux sanatoria dans lesquels on reçoit, pendant la belle saison, les enfants chétifs des villes, les scrofuleux, tous ceux qui commencent à souffrir de la phtisie, et qui, dans leur pauvreté, n'ont pas le moyen d'aller respirer l'air pur sur les plages les plus courues.

Vous saviez encore qu'en Allemagne, en Suisse, en France, à Falkenstein, à Davos, au Leysin, au Canigou, ailleurs encore, il s'était fondé des sanatoria pour les phtisiques riches.

Vous saviez tout cela et vous avez voulu, vous aussi, combattre la tuberculose de toutes vos forces. Nous vous avons tendu la main pour les petits tuberculeux pauvres; nous vous avons dit que nous les guéririons; que nous rendrions à la société des hommes forts et vigoureux, — et vous avez répondu à notre appel. Grâce à vous nous avons pu fonder le Sanatorium de Touraine.

C'est au mois de décembre 1890 qu'il a été question, pour la première fois, de fonder dans les environs de Tours un asile pour les enfants tuberculeux pauvres.

La nécessité s'en faisait tellement sentir que les adhésions nous sont arrivées nombreuses dès les premiers jours.

Les journaux de Tours ont bien voulu nous prêter leur puissant appui, et, au mois d'avril suivant, nous pouvions faire une première réunion des adhérents présidée par le D' Hérard, ancien président de l'Académie de Médecine, médecin honoraire des hôpitaux de Paris, un des phtisiologues les plus distingués.

Vous vous rappelez la conférence de Léon Petit, et son plaidoyer si éloquent en faveur de l'Œuvre des Enfants tuberculeux.

Nos appels multipliés avaient amené quelque argent dans notre caisse, alors gérée par le regretté M. Chollet.

Cet argent, il fallait l'employer; il fallait, malgré la modicité de nos ressources, prouver, en réunissant quelques enfants à l'air et au soleil, tout le bien que notre Œuvre pouvait faire.

Armaingaud avait déjà employé cette méthode avant la fondation du sanatorium d'Arcachon. Il vendait des petites brochures sur le moyen de combattre la phtisie, et avec le produit de la vente il louait un chalet dans la forêt, y logeait, chaque année, quelques enfants et montrait les résultats.

Nous n'avions pas assez d'argent pour bâtir ou pour acheter; il fallait louer, nous aussi ; mais il ne s'agissait pas de louer la première maison venue.

Il est vrai qu'on peut faire la cure d'air partout. Désagréable l'hiver dans le Nord, et l'été dans le Midi où la trop grande chaleur enlève l'appétit si nécessaire aux malades, elle est plus praticable en Touraine où nous n'avons ni les trop grands froids, ni les trop grandes chaleurs ; mais, en Touraine, comme ailleurs, il y a des endroits préférables.

Nous avons beaucoup cherché. Tous les membres du Comité se sont mis en campagne. Il n'est guère de propriété des environs de Tours que nous n'ayons visitée ; mais sitôt qu'on savait qu'il s'agissait d'une œuvre charitable on doublait les prix.

Nous ne voulions pas de la vallée humide, quelquefois brumeuse, et pouvant être submergée. Nous hésitions à choisir le plateau.

Un seul endroit nous tentait, c'était le coteau de la Loire exposé au midi. Nous aurions voulu placer là le sanatorium, à l'abri des vents du nord et garanti par des arbres de la trop grande chaleur. Nous aurions voulu avoir une de ces terrasses à mi-côte où la végétation est de quinze jours plus précoce qu'ailleurs ; où, l'hiver, on a chaud au moindre rayon de soleil ; où l'on est, pour ainsi dire, en espalier sur le flanc du coteau.

A force de peines et de démarches nous sommes parvenus à avoir ce que nous souhaitions ; et, au mois d'avril 1892, nous installions quatre petites filles avec deux religieuses dans la propriété du Petit-Bois, à Sainte-Radegonde.

Mais, au Petit-Bois, prenant une fin de bail, nous n'avions devant nous que dix ou onze mois. Nous comptions sur la Providence pour trouver un autre local. Au Petit-Bois, du reste, l'espace était insuffisant, et l'Œuvre ne pouvait y prendre aucune extension.

Cet espoir ne fut pas déçu, et, le 24 mars 1893, notre sanatorium naissant était transporté dans une propriété voisine aussi bien exposée, sinon mieux, que le Petit-Bois, et assez grande pour permettre à l'Œuvre des Enfants tuberculeux de Touraine de prendre toute l'extension désirable.

Le local actuel nous permet d'avoir vingt-cinq enfants ; mais, lorsque, grâce à la générosité de nos adhérents, nous aurons acheté la propriété et bâti l'établissement que notre architecte a déjà étudié en détail, nous pourrons recevoir plusieurs centaines de malades.

Jusqu'au jour où notre rêve sera une réalité, il faudra faire la propagande la plus active ; il faudra que vous vous liguiez tous pour obtenir de nouvelles adhésions et pour recueillir de grosses sommes, sachant que vous faites là une œuvre chrétienne et patriotique.

J'oublie que mon rôle n'est pas de vous entretenir de nos espérances, mais de vous rendre compte des résultats obtenus au sanatorium.

Nous avons donc débuté avec deux religieuses donnant les soins les plus dévoués à quatre petites filles.

Dès que la chose a été possible, nous avons augmenté le nombre des enfants ; et, bientôt, malgré le dévouement sans borne des bonnes religieuses elles n'ont pu suffire à la besogne et ont dû appeler à leur aide une autre de leurs sœurs.

Jusqu'à ce jour nous avons donné asile à vingt-deux

petites filles et à quatorze garçons. Malheureusement, les parents ont de la tendance à nous réclamer leurs enfants dès qu'ils sont mieux. Ils ne comprennent pas la longueur de temps nécessaire pour arriver à éteindre le germe du mal; ce qui explique que, sur trente-six enfants, il ne nous reste que treize petits pensionnaires.

Bien que la cure d'air soit la chose capitale, nous avons pensé qu'on ne devait pas négliger les autres moyens d'action.

Les remèdes prônés contre la phtisie sont nombreux; la plupart ont eu leur temps de grandeur et de décadence.

Longtemps, M. Triaire et moi, nous nous sommes demandé à quel remède nous donnerions la préférence.

Un seul avait produit des résultats certains: la créosote. Mais la créosote est irritante et toxique. Mal supportée par les adultes, on ne pouvait, chez l'enfant, l'employer qu'à doses trop minimes pour espérer un résultat.

Nous eûmes la pensée d'employer un composé de la créosote qui venait d'être découvert et que personne n'avait songé à utiliser : le carbonate de créosote. Ce médicament a toutes les qualités de la créosote sans en avoir les inconvénients. Il n'est ni toxique, ni irritant et peut être employé à hautes doses, même chez l'enfant.

Grâce à ce remède nous avons eu des succès vraiment remarquables.

Ne pouvant vous faire l'histoire de tous nos petits malades, je ne vous parlerai que de deux d'entre eux: une fille et un garçon.

La petite fille, âgée de six ans et demi, est entrée au sanatorium dans un état très grave.

Un établissement ayant souci de sa réputation et craignant d'avoir à son actif des décès en fin d'année aurait hésité à la recevoir.

Au bout de peu de temps cette petite fille ne toussait plus, et, en quelques mois, ses lésions pulmonaires avaient disparu. Le premier mois elle avait engraissé de 4 livres; en six mois, de 8 livres; alors qu'une petite fille bien portante du même âge n'augmente guère que de 3 livres en un an.

Le cas du petit garçon est tout aussi remarquable. A côté de lésions pulmonaires plus légères, il est vrai, cet enfant présentait une laryngite tuberculeuse des mieux caractérisées.

Les symptômes étaient allés s'accentuant de plus en plus au point qu'on songeait à la trachéotomie.

Les premières nuits, les religieuses étaient absolument effrayées, ayant peur à chaque instant de voir succomber le petit malade.

Au bout de quelques jours le mieux se manifestait déjà, et maintenant le petit garçon, presque complètement guéri, n'a conservé qu'un peu d'enrouement.

Nous n'avons pas cru devoir garder pour nous de tels résultats, et je les ai rendus publics dans des communications à l'Académie de Médecine et au Congrès de la Tuberculose.

Tels sont les résultats que nous obtenons au Sanatorium de Touraine; ne nous ménagez pas votre aide et votre argent, nous tâcherons de faire mieux encore.

Nous détachons des *Bulletins d'Ormesson*, œuvre similaire à la nôtre, les extraits suivants des discours de MM. Jules Simon et de Vogüé.

EXTRAIT

DU

DISCOURS DE M. JULES SIMON

Je me rappellerai toujours que mon ancien maitre, Victor Cousin, qui est mort dans un âge avancé et qui, à la fin de sa vie, était plus ardent et plus vivant qu'un jeune homme..., à vingt ans, était considéré comme perdu. Tout le monde disait : « Il a un certain talent (on disait même du génie), c'est malheureux, il est poitrinaire ! »

Plus tard, j'ai entendu M. Andral lui dire : « Ah ! Cousin ! on vous avait cru longtemps poitrinaire. » Et il répondait : « Je l'ai été, et l'on m'a guéri. Voyez combien ce philosophe avait bien jugé : « Je l'ai été et l'on m'a guéri, » et il avait bien raison, car il n'y a pas de mal que l'on ne puisse guérir, ni mal physique, ni mal moral.

Messieurs, vous avez fait deux choses : vous avez guéri des phtisiques, et je vous en fais mon compliment, c'est bien, mais vous avez vaincu en même temps le préjugé, c'est peut-être mieux.

Si vous contribuez à démontrer qu'il ne faut jamais dire : « Il n'y a rien à faire, » — quel service vous aurez rendu à tous ceux qui veulent faire ! Vous aurez doublé les volontés, vous aurez doublé l'énergie, car vous aurez fait connaitre l'espérance !

Combien de morts devons-nous à cette affreuse maladie ? On nous dit 150,000 par année. Cent cinquante mille par année en France, et nous sommes là, nous autres, chargés de penser aux intérêts de notre Patrie, à regarder dans nos casernes pour voir si la population diminue, pour voir si l'effectif armé est toujours le même, et, pendant que nous y sommes, pendant que nous regardons, la mort fait son œuvre au dehors. 150,000 morts par an ! Mais, en peu d'années, on peut refaire l'armée de la guerre et l'armée du travail rien qu'en atténuant ces pertes par fractions, et vous nous fournissez le moyen de les atténuer en grand !

Je ne sais qui m'a renseigné sur votre Œuvre et m'a donné quelques chiffres... Voyons, qui est-ce qui me les a donnés ? Je crois bien que c'est vous, Messieurs, mais c'est aussi une autre personne qui n'est pas médecin, mais qui doit savoir cela aussi bien que les médecins... c'est la Sœur Candide.

Elle m'a dit que l'on gagnait sur la mort jusqu'à 30 o/o. Ces chiffres représentent une conquête considérable sur la mort.

. . . .

On est en ce moment-ci très préoccupé de ce qu'on appelle la question sociale, et vous avez pensé certainement, vous pensez tous les jours à la question sociale, d'abord parce que c'est un danger, ensuite parce que c'est un devoir pour tout le monde de se préoccuper du sort de ceux qui souffrent. Comme vous vous occu-

pez des malheureux, comme vous allez les voir chez
eux, vous savez ce que c'est que de souffrir. Ceux qui
ne font qu'entendre les lamentations ou les colères des
uns et les descriptions factices des autres ne savent
pas ce que c'est que la douleur. Il faut avoir vu de ses
yeux, je dirai presque : il faut avoir soi-même souffert
pour se rendre compte de ce que sont certaines dou-
leurs. Mais, enfin, quand il ne s'agit que d'être privé des
agréments de la vie (nous en sommes tous là après
tout, en comparant un peu, car, pour chacun de nous,
il y a un lot de bien compensé par un lot de mal), on
peut toujours réagir, mais il y a des privations qui
équivalent presque à la mort.

C'est ce que vous disiez de l'hygiène qui fait naitre
en moi cette pensée.

Voilà un enfant malade. Si cet enfant était riche, si sa
famille pouvait appeler les princes de la science, si elle
pouvait envoyer l'enfant dans le Midi, elle a la certi-
tude que l'enfant serait sauvé ; mais rien de cela n'est
possible ; il faut rester dans le coin où l'on est, se passer de la présence d'un médecin quel qu'il soit : c'est la
mort. Voilà l'inégalité, voilà la différence contre laquelle
l'âme ne peut contenir un sentiment de révolte.

Eh bien ! c'est là que les œuvres du genre de la vôtre
triomphent ! Vous le disiez il n'y a qu'un instant, non
seulement les pauvres trouvent dans votre maison les
médicaments les plus purs et les plus coûteux, mais
(et vous n'avez pas insisté sur ce point) ils y trouvent
aussi les soins les plus intelligents et les médecins que
l'on ne se procure qu'à prix d'or et qui ne demandent
rien pour venir ici. Il y a deux sortes de gens qui
peuvent les appeler : les princes et les mendiants ; les
princes parce qu'ils les payent, et les mendiants parce

qu'ils savent que les médecins ne veulent pas être payés.

C'est là ce que vous faites de plus beau, et c'est par ce côté que votre œuvre est le plus admirable.

. . . .

Nous perdons 150,000. tuberculeux par an et vous nous disiez que vous êtes à peu près certains d'en sauver un tiers sur ce nombre énorme. Vous en sauverez bien davantage, il ne faut plus douter de votre science depuis qu'elle a supprimé les infirmités de la vieillesse.

Je me rappelle ce que, dans ma jeunesse, on appelait un vieillard. Un vieillard, c'était un être cacochyme, qui toussait, qui était courbé en deux, qui portait des lunettes, qui avait une canne, quelquefois même deux. Et quel âge avait cet être?... Il avait soixante ans, il n'en avait peut-être que cinquante !

Mais, Messieurs, cinquante ans! qu'est-ce que cela? Moi qui vous parle, j'en ai soixante-dix-huit... Dans deux ans j'en aurai quatre-vingts. Je vois sans lunettes, je marche sans canne, et je n'ai pas besoin qu'on me donne le bras. Si vous m'en défiez, je vais partir à l'instant et m'en aller de mon pied léger jusqu'à Versailles ! et je ne serai pas fatigué en arrivant !

Si je croyais que ce me fût particulier, je me garderais bien de vanter ma jeunesse, mais c'est celle de tout le monde; vous avez triomphé des infirmités de la vie, vous les avez diminuées de beaucoup.

. . . .

Ce doit être un bon sentiment quand, plus tard, dans la vie, on rencontre un homme ou une femme bien bâtis, capables de soutenir leur famille, de rendre service à leur pays, et qui vous disent: « Vous ne me reconnaissez pas ?... C'est moi qui étais dans le dix-septième

lit et que vous avez si souvent ausculté, dans le moment où ma vie était comme une petite flamme vacillante et où ma mère elle-même croyait que le moindre
souffle allait l'éteindre. Mais vous ne l'avez pas cru ;
vous avez pris cette flamme vacillante, vous l'avez
entourée de vos soins, vous l'avez fait grandir, vous
lui avez rendu tout son éclat, et c'est elle que vous
avez devant vous. Je suis, grâce à vous, homme comme
vous, doué de toutes mes forces physiques, peut-être
plus fort que vous, et digne d'être un homme... » Car,
assurément, dans une maison comme la vôtre, on ne
donne pas seulement la vie, on donne aussi la vertu.

C'est pourquoi je vous remercie, vous tous, de ce que
vous faites, et je demande à tous les gens de cœur de
vous aider comme vous devez l'être, et il n'en manque
pas ici. Aussi leur dis-je, en leur tendant cette bourse
que la Sœur ne veut pas que l'on tende : Donnez ! donnez ! L'argent que vous donnerez sera le seul que vous
posséderez réellement ! ! !

EXTRAIT DU DISCOURS

DE M. LE VICOMTE E. MELCHIOR DE VOGÜÉ

DE L'ACADÉMIE FRANÇAISE

Il suffira de vous rappeler que, sous ses diverses
formes, la tuberculose travaille pour un cinquième au
moins, pour un quart peut-être, à la mortalité générale ; qu'elle enlève, chaque année, cent cinquante
mille créatures humaines à ce pays, où l'excédent des
décès sur les naissances devient le plus grave souci de
tous les esprits réfléchis. Dans cette invisible et innom-
brable armée de microbes, où nous nous habituons à
voir les régiments de l'armée de la mort qui avance
sur nous, les microbes de la tuberculose forment le
corps principal, la phalange centrale. Et, tandis que l'on
était parvenu à arrêter les ailes de l'armée, la peste, le
choléra, la petite vérole, on n'avait rien fait, jusqu'à
une époque récente, pour combattre le gros des en-
vahisseurs ; on se contentait de ramasser, sur les der-
rières de l'ennemi victorieux, quelques blessés recueil-
lis trop tard et vainement disputés à leur blessure.

Cependant, la science affirmait que ce mal était
curable comme les autres, à condition de le prendre à
temps, et qu'on pouvait enrayer la marche de l'ennemi. On a commencé d'élever quelques ouvrages de
défense pour lui disputer la route. La belle œuvre des

hôpitaux marins est partie en guerre contre la scrofule, une des formes du mal ; elle a disséminé, elle guérit les petits scrofuleux de nos grandes villes, sur les rivages de l'Océan et de la Méditerranée, à Berck-sur-Mer, à Pen-Bron, à Arcachon, à Banyuls, à Hyères. Mais la mer ne convient pas, on le croit du moins aujourd'hui, aux manifestations internes de la tuberculose, à ceux que nous continuerons d'appeler, nous qui ne sommes pas des savants, du vieux nom qui éveille la terreur et la pitié des familles : aux poitrinaires.

Des observations convaincantes ont appris aux hygiénistes que, s'il n'est aucun remède pour le poitrinaire pris trop tard, au-delà d'un certain âge, la reconstitution des poumons attaqués est chose facile chez l'enfant ; et cela sans remèdes artificiels, on vient de vous le dire, par la seule vertu du bon air et de la bonne alimentation ; il suffit d'arracher l'enfant, dès le début, au milieu de misère physiologique où son mal s'est engendré. L'hospice de Villepinte a été fondé pour procurer ce secours aux filles phtisiques ; il restait à créer un mode d'assistance pareil pour les jeunes garçons.

. . . .

D'abord, dans notre monde social qui nous parait si mal fait, un coin où l'application de la justice et de la charité dépasse le rêve le plus exigeant : les enfants des pauvres, des plus misérables, soignés comm. ne le seront jamais les enfants des millionnaires ; les princes de la science réunis en consultation autour de ces abandonnés. Et il faut le dire à la gloire de notre corps médical, ce n'est pas seulement à Ormesson, c'est dans tous nos hôpitaux qu'on voit ce beau paradoxe de la justice

idéale. Vous savez combien il est difficile, pour les plus
riches, de fléchir le grand médecin, de se procurer les
soins d'un homme si occupé ; mais ces lumières de la
science, qui se refusent parfois au millionnaire, elles
convergent toutes au secours du pauvre, sur chaque lit
d'hôpital. Les socialistes les plus radicaux, si d'aventure
ils parviennent à organiser un monde parfait, n'auront
rien à changer sur ce point !

En second lieu, j'ai vu résoudre pratiquement à
Ormesson le problème que les philosophes creusent
péniblement dans l'ordre abstrait : l'accord de la science
et de la foi. La science du médecin ordonne, dirige,
comme il lui appartient ; elle applique les lois que
l'étude lui a révélées. Mais le médecin ne peut pas veil-
ler au détail d'exécution de ces lois, et la science n'a
pas l'intuition du cœur maternel ; les filles de la foi se
mettent à ses ordres, leur dévouement exécute et vivi-
fie les prescriptions du savant. De l'accord de ces
grands cerveaux et de ces grands cœurs, il nait de la vie.

Je la regardais naitre, ou renaitre, sur les figures jouf-
flues de ces pauvres marmousets que l'on me montrait.
C'était comme une palette où les couleurs de la vie,
graduellement reparues, le bon rouge des joues et le
brillant des yeux, disaient à l'observateur exercé le
nombre de mois passés par chaque enfant à l'hospice.
L'hospice ! ils ne savent pas que c'en est un, ces petiots ;
il n'y a qu'à les voir courir, jouer, manger ; plus sages
que nous, ils savent d'instinct qu'ils sont rentrés dans
la vie naturelle, régulière, telle que leur organisme la
réclame. J'admirais la sagacité de chaque détail d'instal-
lation, et combien la pratique répond à la théorie dans
les plus petites choses. J'ai tenu entre mes mains, trop
peu de temps, le registre d'entrée et de sortie, l'herbier

où sont classées les petites plantes fanées, qui en res-
sortiront vivantes. Ah ! ce livre, ce grand livre tragique
de la vie et de la mort, j'en recommande la lecture aux
lettrés qui se battent les flancs, à la recherche d'un
sujet de drame. Elle est suggestive, comme l'on dit.

Quelques colonnes, de brèves indications : la prove-
nance du sujet, bien souvent orphelin de père ou de mère,
parfois des deux, car le mal héréditaire a fauché le chef
de famille et condamné la couvée à la misère, partant
au même genre de mort; l'introducteur, la bonne âme
qui a dirigé cette épave sur le port ; puis les phases, du
traitement, la guérison, la sortie. Quelques annotations
laconiques : un te', pris de spleen après avoir quitté
l'établissement ; cet autre, replacé dans de bonnes conditions de vie. Mais, presque toujours, l'indication de
sortie, c'est la rechute, dans la mer après le sauvetage.
Le docteur me montrait un enfant de sept ans, à mine
saine et réjouie; il me contait avec joie les résultats rapi-
dement obtenus sur ce petit être qui lui était arrivé ché-
tif et malade. Je m'informai de sa situation : orphelin de
père et de mère. « Et vous allez le rejeter à Moloch, au
Moloch parisien, qui détruira votre œuvre sur ce sujet
sans défense ? » Le front du docteur se rembrunit, celui
de la Sœur encore plus : « Que faire ? Nous ne sommes
pas un orphelinat ; nous avons guéri ; nous avons accompli notre mission ; place à d'autres. »

Je vous ai dit, Mesdames et Messieurs, ce que j'avais
vu de consolant. Je vais vous dire, je vous l'ai promis,
ce que j'ai vu de barbare. La barbarie, c'est ce cercle
vicieux, cette fatalité contre laquelle ne peuvent
rien — actuellement — les hommes charitables qui la
déplorent comme moi. Ils font un sauvetage, et ils
doivent rejeter à l'eau l'enfant sauvé. Replacé trop tôt

dans ce milieu de misère physiologique où il avait pris
son mal, il n'y a que trop de chances pour que le pauvre
petit être succombe de nouveau. A défaut des observations scientifiques, le simple bon sens dicterait cette
conclusion.

Est-ce donc une fatalité inévitable ? Non ; elle pourrait être évitée, si les promoteurs de l'*Œuvre des Enfants Tuberculeux* avaient les moyens de réaliser leur
vœu le plus cher. Qu'ils puissent demain fonder à
quelque distance un sanatorium, une colonie agricole,
une exploitation rurale où ils enverront leurs enfants
guéris, mais non préservés, pour que ces enfants at-
tendent là, en s'occupant aux travaux des champs, dans
les mêmes conditions de saine vie physique, l'âge
d'homme où ils affronteront sans péril toutes les
formes de la lutte pour l'existence.

Cette colonie agricole, ce sera le salut définitif, la
fin de cette angoisse terrible qui oppresse nos médecins
et nos Sœurs, quand ils doivent se résigner à rendre au
gouffre la proie conquise un moment sur lui.

. . . .

La tuberculose recrute ses victimes dans les foyers
de misère de nos grandes villes, et les misérables qu'elle
atteint contaminent ensuite les classes aisées. Pour enrayer le mal, il suffirait de rendre à la terre, à l'air sa-
lubre, à la campagne, les éléments de la population
trop faibles pour résister à ce mal et qui n'ont pas
besoin d'autre médication. Il suffirait que les munici-
palités, par un emploi intelligent de leurs ressources,
multipliassent à la campagne, en les disséminant, les
asiles d'enfants pauvres candidats à la tuberculose. Des
pavillons de bois et trente sous par jour, ce n'est pas le
bout du monde ! Des Sœurs de charité, c'est peut-être

plus difficile à accepter; mais puisque je rêve de
réformes très intelligentes... Et le corollaire indispen-
sable, la colonie agricole, l'exploitation rurale appro-
priée au travail des adolescents, pourquoi ne se mul-
tiplierait-elle pas par l'initiative des particuliers, non
plus comme un sacrifice charitable, chose toujours
trop rare, mais comme un placement de fonds normal ?
Vous savez ce qu'on a fait, ce qu'on fera de plus en
plus pour les logements ouvriers hygiéniques et à bon
marché, œuvre de salut social, première préservation
contre la tuberculose, œuvre qui est en même temps
un sûr placement de père de famille. Les exploitations
et industries rurales, où l'on recruterait de préférence
le personnel parmi les jeunes tuberculeux guéris pour-
raient être de même un emploi de fonds humanitaire
et honnêtement rémunérateur. Tout l'effort de notre
prévoyance doit tendre à éliminer de nos grandes cités
les petits êtres trop faibles, trop mal défendus par leurs
conditions de vie contre la dépression qu'on y subit.
Et ce n'est pas seulement la misère physiologique que
nous éliminerons du coup, pour en refaire de la force,
c'est la misère morale, suite inévitable, le vice, le
crime, tout ce qui est curable dans le corps et dans
l'âme, par un retour au milieu où le corps et l'âme se
redressent naturellement.

En attendant que ce rêve d'une meilleure organisation sociale se réalise, aidons les pionniers de la charité, dont l'exemple peut seul faire germer et fructifier
ces idées; aidons l'*Œuvre des Enfants Tuberculeux*. Je
la recommande aux mères, qui toutes ont vu passer
dans leurs nuits le cauchemar de la terrible maladie,
le cauchemar du jeune poitrinaire, contaminé, ne
l'oubliez pas, par le mal de ses frères d'en bas,

et qu'on promène désespérément sur notre littoral du sud, pour prolonger de quelques mois sa triste existence.

. . . .

Et, si quelque heureux de ce monde, quelque thésauriseur généreux, avait la féconde pensée de fonder cette colonie agricole, qui est le vœu le plus ardent de nos amis, ah! comme je l'envierais, celui-là, à l'heure où nous règlerons tous notre compte par doit et avoir, en quittant les affaires de la vie. Il pourrait se dire impunément: « Ma vie a été peut-être inutile en apparence, peut-être coupable; n'importe, je suis tranquille; me voici quitte envers la patrie, et sûr de l'avoir bien servie, puisque je lui conserve des centaines de bras pour cultiver son sol, pour défendre son drapeau; quitte envers l'humanité, puisque je lui rends des centaines de créatures qu'elle allait perdre; quitte même envers Dieu, puisque j'ai collaboré à son œuvre par excellence, puisque j'ai créé de la vie à son exemple et selon son exprès commandement. »

Que celui-là, s'il se rencontre, que tous ces bienfaiteurs espérés, reçoivent d'avance les remerciements de nos sœurs, de nos médecins, et surtout de nos petits pensionnaires, de ces enfants auxquels leur libéralité rendra le sourire, la santé, la vie!

DONNEZ

POUR GUÉRIR LES POITRINAIRES PAUVRES

Actuellement (janvier 1895) le Sanatorium de Touraine donne asile à un certain nombre de petits garçons et de petites filles, venus de tous les coins de la France.

Plusieurs Œuvres nous ont confié leurs pupilles pour les guérir.

L'Adoption de Paris ;

Le Patronage de l'Enfance, de Paris;

La Société Lyonnaise pour le sauvetage de l'Enfance.

Notre Œuvre est faite pour tous les petits poitrinaires français pauvres.

Mais, pour qu'elle puisse prospérer, nous avons besoin de l'aide de tous.

Il faut que toutes les bourses s'ouvrent : nos besoins sont grands.

Le Comité d'administration a loué pour le Sanatorium une vaste et belle propriété ; mais le bail prend fin le 24 mars 1896, dans un an.

Pour assurer la prospérité de l'Œuvre, il faut que, dans un an, elle soit propriétaire du Sanatorium. CENT MILLE FRANCS sont indispensables pour cette acquisition.

Il faudra ensuite bàtir, car les locaux actuels sont insuffisants. TROIS CENT MILLE FRANCS seront indispensables pour mener à bien cette entreprise.

Ensuite, nous aurons à créer une industrie agricole pour les grands garçons et les grandes filles que nous aurons guéris, et qui ne pourront, sans danger, retourner à la ville où ils ont puisé leur mal.

Bien des mille francs seront encore nécessaires.

Nous avons confiance dans la charité.

Tous les Français sont charitables; la charité fait partie du génie de la nation.

Tous ceux qui nous ont donné nous redonneront encore.

Tous voudront contribuer par une grosse somme à l'acquisition du Sanatorium et à la construction des pavillons nouveaux; tous s'inscriront parmi les membres de l'Œuvre (voir les Statuts), pour une somme annuelle. Ces annuités sont nécessaires pour le bon fonctionnement de l'établissement.

Personne ne se lassera de nos demandes réitérées; et tous feront connaître partout l'existence et les besoins du Sanatorium de Touraine.

TOUS DONNERONT POUR GUÉRIR LES PETITS POITRINAIRES PAUVRES.

Les offrandes sont reçues chez M. LAINÉ, notaire, 16, rue du Cygne, à Tours, trésorier de l'Œuvre, et chez Mme la SUPÉRIEURE des religieuses du Sanatorium de Touraine, à Sainte-Radegonde, près Tours.

BULLETIN DE SOUSCRIPTION

Je, soussigné, ...

demeurant à ....

département d..

déclare souscrire pour l'acquisition du Sanatorium de

Touraine une somme de ....

....

que je verserai au Trésorier de l'Œuvre, à sa demande
(*ou bien*) que j'envoie ci-joint au Trésorier de l'Œuvre.

Je désire également être membre de l'Œuvre au titre
de :

Fondateur (10,000 fr. en une fois ou 500 fr. par an,
rente perpétuelle) ;

Bienfaiteur (2,000 fr. en une fois ou 200 fr. par an) ;

Donateur (1,000 fr. en une fois ou 100 fr. par an) ;

Titulaire (100 fr. en une fois ou 10 fr. par an) ;

et je m'engage à verser annuellement la somme de

....

¹ Détacher ce Bulletin et l'adresser au Président de l'Œuvre, le Dr EDMOND CHAUMIER, 19 *bis*, rue de Clocheville, à Tours.

FEUILLE A DÉTACHER

LIVRE D'OR[1]

Adoption (Œuvre de l'), Paris.

Akerman, à Saumur (Maine-et-Loire).

Amirault, notaire, à Châtellerault (Vienne).

Amirault (Mme Adolphe), à Poitiers (Vienne).

Anglada (Mlle), r. Gay-Lussac, 1, à Paris.

Audigé.

Anthenaise (Mme la Ctesse d'), ch. de Month, par Cham-
prond (Eure-et-Loir).

Ansembrey (Mme la V^tesse d').

Arrault, r. de la Préfecture, 6, à Tours (Indre-et-Loire).

Arrault, ch. de Montchenin, par Saint-Branchs (Indre-
et-Loire).

Archambault (D^r), 20, r. de l'Hospitalité, Tours (Indre-
et-Loire).

Athon (d'), ch. de Venet.

Attuyt (Mme), 5, r. du Général-Jameron, à Tours (Indre-
et-Loire).

---

[1] Cette liste a été arrêtée le 1er décembre 1894. On nous pardon-
nera les erreurs inévitables en relevant un aussi grand nombre de
noms. Beaucoup trop de donateurs ont gardé l'anonyme et ne pourront être tenus au courant des progrès de l'Œuvre. Nous regrettons
de n'avoir pas pu nous procurer la liste des personnes qui avaient
adressé leurs dons à M. Moussé.

Auvray (Mme la B^nne Paul), 15, r. de l'Archevêché, à Tours (Indre-et-Loire).

Auvray (Mme Raoul), à Pernay (Indre-et-Loire).

Aubrière (d'), à Savonnières (Maine-et-Loire).

Audebert (Mlle), ch. de Laroque, par Cadillac (Gironde).

Argence (Mme la M^ise d'), ch. de Lucé, par le Grand-Lucé (Sarthe).

Argoult (M. le Mis et Mme la M^ise d'), ch. de Vendœuvre (Sarthe).

Adam (Alfred), ch. de Basses-Fontaines, par Saint-Laurent-des-Eaux (Loir-et-Cher).

Armaillé (Mme la V^tesse d'), ch. de la Menautière, par Montrevault (Maine-et-Loire).

Armand (Mme), 68, r. de Montreuil, à Versailles (Seine-et-Oise).

Aumerville (Mme d'), à Méru (Oise).

Arcangues (Mme la M^ise d'), ch. d'Arcangues, par Biarritz (Basses-Pyrénées).

Auriol (Mis), ch. de Maison-Verte, par Saint-Germain-en-Laye (Seine-et-Oise).

Aboville (Mme la B^nne d'), ch. de la Touanne, par Bacon (Loiret).

Aumont (Mme), 4, av. de Messine, à Paris.

Aisy (d'), r. Saint-Gervais, à Avranches (Manche).

Assonvillez (Mme d'), Ch. de Fortbois, par Donnemarie-en-Monthois (Seine-et-Marne).

Augeard (Mme), ch. de Scorbé, près Châtellerault (Vienne).

Aymer de la Chevalerie (M. le Cte), ch. de la Rochefaton, par Thézenay (Deux-Sèvres).

Abadie (Mme de l'), à Saint-Justin (Landes).

Auvard (G.), 9, r. Charles-Boutard, à Tours (Indre-et-Loire).

Arrault (A.), notaire, à Tours (Indre-et-Loire).

Audebert (Mme), à Beaumont-la-Ronce (Indre-et-Loire).

Albert (Mme), ch. de Labastide, par Chalabre (Aude).

Arnal (Mme), 10, chemin des Noyers, Angers (Maine-et-Loire).

Augé (Mme), Le Puy (Haute-Loire).

Aubigné (Mme d'), à Ciron (Indre).

Arnould-Drappier, 60, r. de l'Hospice, Nancy (Meurthe-et-Moselle).

Aubaret (Mme), Poitiers (Vienne).

Argentré (Mme la Ctesse d'), ch. de Saint-Denis, par Auffay (Seine-Inférieure).

Argy (Mme la Ctesse d'), 21, av. de l'Alma, Paris.

Arnaud, avocat, à Angoulême (Charente).

Atgier, à Cholet (Maine-et-Loire).

Ablin, avocat-agréé, à Beauvais (Oise).

Augustines de Notre-Dame de Miséricorde (les Religieuses), 39, r. Tournefort, Paris.

Aleux, à Libourne (Gironde).

Auzelly (Léonce), castel Lafon, par Latresne (Gironde).

Anserville (d'), ch. d'Anserville, par Méru (Oise).

Azoulai, 13, r. Jean-Bart, à Alger.

Armez (Mme), 14, r. Juliette-Lamber, à Paris.

Argence, domaine de Labraux, par Chavanges (Aube).

Astier de la Vigerie (Mme la B^{onne} d'), 1, av. de Tourville, à Paris.

Armand (Mme la Ctesse), ch. d'Arcis-sur-Aube, par Arcis-sur-Aube (Aube).

Adam (Alfred), 26, r. du Bœuf-Saint-Paterne, à Orléans (Loiret).

Asse (Charles), à Châteaudun (Eure-et-Loir).

Ardin, directeur de la succursale de la Banque de France, à Belfort.

Alidel, à Bergerac (Dordogne).

Amic (Mme Vve), à Grasse (Alpes-Maritimes).

Amyot, lieutenant-colonel, à Valenciennes (Nord).

Attainville (Mme P.-L. d'), ch. de Droué, par Droué (Loir-et-Cher).

Blavier (Mme), ch des Bouhards, par La Jumelière (Maine-et-Loire).

Blanchard (Georges), 7, pl. Plumereau, à Tours (Indre-et-Loire).

Bonnardel (Mme), r. du Mail, à Blois (Loir-et-Cher).

Bartoli (D^r), 10, r. du Palais, à Blois (Loir-et-Cher).

Bonnardet, pharmacien, av. de Grammont, à Tours (Indre-et-Loire).

Bonnay, 6, r. Corneille, à Tours (Indre-et-Loire).

Bonnesset, ch. de Villours, par Buzançais (Indre).

Bordeaux (Mme), à Bourg-le-Roi (Sarthe).

Bors (M. et Mme de).

Bory (Mme), ch. du Chalet, par la Ferté (Sarthe).

Bovent (de), villa de la Fontaine, à Fondettes (Indre-et-Loire).

Bouchet (D^r), à Lésigny (Vienne).

Boutin-Huet, à Sepmes, par Sainte-Maure (Indre-et-Loire).

Boutton (Mme), r. Ménage, à Angers (Maine-et-Loire).

Bouttier, ch. de la Harnière, par Baugé (Maine-et-Loire).

Bourqueney (Mme la Ctesse de), ch. de la Poterie, par La Chartre-sur-le-Loir (Sarthe).

Bourdely, ch. du Temple, par Marchenoir (Loir-et-Cher).

Bouchet, pharmacien, à Poitiers (Vienne).

Brenier (Mlle), à Vouvray (Indre-et-Loire).

Brisset.

Breton (E.), la Groatière, par le Grand-Pressigny (Indre-et-Loire).

Bordier, 88, r. du Mail, à Angers (Maine-et-Loire).

Brissonnet, pharmacien, 64, r. Jehan-Foucquet, à Tours (Indre-et-Loire).

Briey (M. le Cte et Mme la Ctesse de), ch. de la Roche-Gençay, par Gençay (Vienne).

Brault (Mme), ch. de la Tuilerie, par Le Gault (Loir-et-Cher).

Bressoud, à la Douzilière, par Joué-les-Tours (Indre-et-Loire).

Broglie (Mme la P^{cesse} Amédée de), ch. de Chaumont (Loir-et-Cher).

Brothier de Rolière (M. et Mme), ch. de la Jonchère, par Jaulnay (Vienne).

Bruzon, ancien président du Tribunal de commerce, 3, quai Saint-Symphorien, à Tours (Indre-et-Loire).

Boisairault (Mme la Ctesse de), ch. de Boisairault, par Martigné-Briand (Maine-et-Loire).

Beaucorps (Mme la Ctesse de), ch. de Murblins, par Cour-Cheverny (Loir-et-Cher).

Besge (de la), ch. du Mont, par Saint-Savin (Vienne).

Breuil (Mme la V^{tesse} Henry du), ch. de Sourolle, par Dun-le-Palleteau (Indre).

Brousse (Mlle de la).

Boussion (Julien).

Briquet.

Bourion (Mme de).

Bouillé (M. et Mme).

Boisetière (Mme de la), à Blois (Loir-et-Cher).

Baillif (Mme), 12, r. de la Grandière, à Tours (Indre-et-Loire).

Buglion de la Dufferie (Mme la Ctesse de), ch. de Bossé, par Aubigné (Sarthe).

Bar (Mme la V^tesse de), ch. de la Pelotte, par Vatan (Indre).

Barberon, ch. du Liot, par Mennetou-sur-Cher (Loir-et-Cher).

Baron (Hyppolyte).

Basserie (le colonel), 49, r. Dubignon, au Mans (Sarthe).

Baste (Mme).

Baubiet, ch. de la Romagère, par Saint-Gaultier (Indre).

Barberon, 3, r. de Sévigné, Paris.

Beaufort (Mme de), r. de l'Archevêché, à Tours (Indre-et-Loire).

Beaumont (M. le Cte Ernest de), à Fondettes (Indre-et-Loire).

Beaumont (Mme la Ctesse de), à Caen (Calvados).

Beaumont (de), ch. du Plessis, par Noyant (Maine-et-Loire).

Beaumont (Mme de), à La Roche-Posay (Vienne).

Beaumont (Mme la Ctesse Alfred de), ch. de Grammont, près Tours (Indre-et-Loire).

Beaude, ch. de Bel-Air, par Romorantin (Loir-et-Cher).

Baudesson (A), ch. de la Briderais, par Seiches (Maine-et-Loire).

Barbançois (Mme la M^ise de), 8, r. du Cygne, à Tours (Indre-et-Loire).

Beauregard (Léonce de), ch. de Mangné, par Vivonne (Vienne).

Béchillon (de), ch. de Charand, par Chauvigny (Vienne).

Berger (Mlle), ch. de la Chaptière, par Châteauneuf (Maine-et-Loire).

Bercheron.

Beulé (Mme), 17, bd Preuilly, à Tours (Indre-et-Loire).

Berendorf.

Biencourt (M. le Mis de), ch. d'Azay-le-Rideau (Indre-et-Loire).

Bigot-Billard, 17, r. Néricault-Destouches, à Tours (Indre-et-Loire).

Bézard (D^r), 20, r. de Clocheville, à Tours (Indre-et-Loire).

Bodinier, conseiller général, 2, r. Tarin, à Angers (Maine-et-Loire).

Boisdon (Mme), à Bourges (Cher).

Boisé de Courcenay (Mme la Ctesse de), ch. de Chabenet, par Argenton (Indre).

Baurier (de), ch. de Mascaron, par Muret (Haute-Garonne).

Borne, à Paris.

Boyer (Mme Vve), à Toulouse (Haute-Garonne).

Basset, à Séran (Ariège).

Brussir (Mme), à Libourne (Gironde).

Buysson (Mme la V^tesse du), à Moulins (Allier).

Bobioux (M. le Cte de), à Rennes (Ille-et-Vilaine).

Beaumont (Mme E. de), à Nantes (Loire-Inférieure).

Brunett-Stears (Mme), à Brest (Finistère).

Billière (de), à Angers (Maine-et-Loire).

Boisairault (Mme la V^tesse de), à Angers (Maine-et-Loire).

Bordeneur (Mme la B^nne de), à Beaugency (Loiret).

Bruyer (de), à Besançon (Doubs).

Baude (Mme), à Orléans (Loiret).

Bertrand, à Cognac (Deux-Sèvres).

Berthier (B^{on} de), à Nevers (Nièvre).

Boyer (L.), avocat, Les Arcs (Var).

Bois (D^r), à Aurillac (Cantal).

Boussier (Mme de), ch. de Delcier, par Castillon-sur-Dordogne (Gironde).

Buffards (des), ch. de la Foltière, par Fougères (Ille-et-Vilaine).

Boutron, 27, r. Madame, à Paris.

Broglie (Mme la D^{esse} de), 10, r. de Solférino, à Paris.

Benoist-d'Azy (Mme la Ctesse), ch. d'Azy, par Saint-Benin-d'Azy (Nièvre).

Bory (Mme Eug.), château du Chalet, par La Ferté (Sarthe).

Blic (Mme de), château de Pernand, par Savigny (Côte-d'Or).

Breuilpont (Mlle de), ch. de Coëtdihuel, par Sarceau (Morbihan).

Bélâbre (Mme la M^{ise} de), ch. de Bélâbre (Indre).

Beausse (Mme de), ch. de Rély, par Montreuil (Eure).

Biget (Mme), ch. de Viviers, par Capestang (Hérault).

Beaucourt (Mme la V^{tesse} de), ch. de Morainville, par Blangy (Calvados).

Breuille (Mme la Ctesse de la), ch. de Test-Millon, par Ouanne (Yonne).

Boncourt (J. de), ch. de Florincthun, à Condettes, par Pont-de-Briques (Pas-de-Calais).

Bonnerie (Cte de), ch. d'Aubiat, par Aigueperse (Puy-de-Dôme).

Barante (Mme la B^{one} de), ch. de Barante, par Thiers (Puy-de-Dôme).

Bertier de Sauvigny (Cte de), à Paris.

Bijoux (de), ch. de la Grange, par Montech (Lot-et-Garonne).

Brosses (Mme la Ctesse de), ch. de Bois-le-Roi, par Ferrières-en-Gâtinais (Loiret).

Boissac (Mme de), 9, r. Jean-Jacques-Bel, à Bordeaux (Gironde).

Bertrand-Geslin (le B^on), château de Forêt-de-la-Foucaudière, par Saint-Laurent-des-Autels (Maine-et-Loire).

Bondy (Mme de), ch. de Chassay, par Doulon (Loire-Inférieure).

Bremart-Degrez, ch. de la Leauette, par Ardres (Pas-de-Calais).

Bouëxic (Vte du), 24, r. d'Anjou, à Paris.

Beaurepaire (Mme la M^ise de), ch. de Beaurepaire, par Beaurepaire (Saône-et-Loire).

Bois (Mme du), ch. de la Côte, par Pornic (Loire-Inférieure).

Boishebert (Mlle de), ch. d'Etennemare, par Limesy, (Seine-Inférieure).

Boutiny (Mme la Ctesse de).

Bastier de Théméricourt (M. et Mme Le), ch. de Théméricourt, par Vigny (Seine-et-Oise).

Bled, notaire, à Ballan (Indre-et-Loire).

Barbier-Duffour, 3, rue Sébastopol, Tours (Indre-et-Loire).

Beauté (Mme), 7, r. du Général-Jameron, à Tours (Indre-et-Loire).

Ballu (Mlle), 17, r. Paul-Louis-Courier, à Tours (Indre-et-Loire).

Blanchard (Mme Victor), 27, r. de Clocheville, à Tours (Indre-et-Loire).

Boizeau, 7, r. Margueron, à Tours (Indre-et-Loire).

Bauer (M. et Mme), 22, r. du Châteauneuf, à Tours (Indre-et-Loire).

Bouchet (Mme), ch. de la Boizardière, par Bazouges-sur-le-Loir (Sarthe).

Baudel (Mme Vve), 6, r. du Tir, à Béthune (Pas-de-Calais).

Bonnet (Mme L.).

Bourgouin (Mme), Le Mesnil-Saint-Denis (Seine-et-Oise).

Bar (Mme de), ch. de Lauroux, par Mainsat (Creuse).

Brettes (de), ch. de Poulaines, par Poulaines (Indre).

Beaussier (Mme la Ctesse de), ch. de Chaintré, par Crèches (Saône-et-Loire).

Barbey, ch. de la Tour, par Mirebeau (Vienne).

Brulot (Mme J.), r. de l'Alma, 61, Tours (Indre-et-Loire).

Benoit.

Blondeau (Mme).

Blondet (Mme).

Bergis (L.), ch. de Pech-Beton, par Molières (Tarn-et-Garonne).

Barillet et Richard (Familles), à Poitiers (Vienne).

Buttet (Mme de).

Bourgeois, à Paris.

Benoist (de).

Breda (de).

Brunier (Mlle de), fg Saint-Bienheuré, à Vendôme (Loir-et-Cher).

Baussan (Mme), r. Guesnault, à Vendôme (Loir-et-Cher).

Becker de Mons (Mme la Ctesse de), ch. de Mons, par Aubiat (Puy-de-Dôme).

Berthier (le B^on de), ch. de Guichy, par Châteauneuf-Val-de-Bergis (Nièvre).

Barbier (Mme A.).

Baudinat (Mme), à Poitiers (Vienne).

Bastard (Mme), à Couhé (Vienne).

Breton, à Tours (Indre-et-Loire).

Boitelle (Mme).

Broglie (de), à Bayeux (Calvados).

Brunot, 10, r. de Chaillot, Paris.

Benoist, à l'Isle-Jourdain (Gers).

Bondy (Mme la V^{tesse} A. de), 42, r. d'Anjou, Paris.

Buisson (du), 279, r. de Normandie, Le Havre (Seine-Inférieure).

Béjot (Mme), à Bagnères-de-Bigorre (Hautes-Pyrénées).

Brossard (Mme la Ctesse de), 16, r. du Bac, Paris.

Brière (A.), à Loches (Indre-et-Loire).

Barrot (Mme A.), 119, av. des Champs-Élysées, Paris.

Bozon, à Montluçon (Allier).

Bourg (M. et Mme du), ch. de la Roche, par Châteaubourg (Ille-et-Vilaine).

Barthet (Mme V^{re}), ch. de Contrazy, par Sainte-Croix (Ariège).

Balathier de Conygham (M. le Cte de), ch. d'Arcenay, par Précy-s.-Thil (Côte-d'Or).

Brunot, pharmacien, à Saint-Médard-en-Jalle (Gironde).

Boutrolle, à Rouen (Seine-Inférieure).

Bazenerge (Armand), à Bourges (Cher).

Boigne (M. le Cte Eugène de), à Chambéry (Savoie).

Barbot (Mme Blanche), à Loches (Indre-et-Loire).

Bertaud (Mme Suzanne), à Jonzac (Charente-Inférieure).

Bertrand, 9, cours de Gourgues, à Bordeaux (Gironde).

Boreau-Lajanadie, avoué, à Confolens (Charente).

Boishue (Mme la V^{tesse} de), ch. de Vieuville, par Fougères (Ille-et-Vilaine).

Bénédictines (les Religieuses), du Saint-Sacrement de Saint-Louis-du-Temple, 20, r. Monsieur, à Paris.

Boury (Mme la B^{onne} de), ch. de Gadancourt, par Vigny (Seine-et-Oise).

Briet (Mme), à Bailleul-sur-Thérain, par Bresles (Oise).

Breton (Mme Eug.), à Saint-Lô (Manche).

Bertrand (M. l'abbé), curé de Romanèche-la-Saulsays, par Montluel (Ain).

Bonneville (Mme de), à Saint-Genest-Malifaux (Loire).

Bertrand, ch. de Beaumont, par Carbon-Blanc (Gironde).

Billardet (Mme Alph.), ch. de Pesmes, par Pesmes (Haute-Saône).

Bondau, manufacturier, à Mazamet (Tarn).

Bouillons (M. des), ch. de Châteaulart, par Saint-Erblon (Ille-et-Vilaine).

Brule (Van den), à Beauséjour, par Voreppe (Isère).

Bussière (Mme la B^{onne} Edmond de), ch. de Bellevue, par Meudon (Seine-et-Oise).

Blancard (Mme la B^{onne}), ch. de Lisle, par Allex (Drôme).

Brabant (Mme Edmond), ch. de Mouchy-Saint-Eloi, par Liancourt (Oise).

Beauffort (M. le B^{on} de), ch. du Cauroy, par Sus (Pas-de-Calais).

Baillenx (de), ch. de Cassaber, par Carresse (Basses-Pyrénées).

Breuil (Mme), ch. du Puy-ol-Faure, par Cubjac (Dordogne).

Breon (l'abbé de), 2, pl. du Louvre, à Paris.

Beaumont (Mme de), ch. de Martigny-le-Comte (Saône-et-Loire).

Bourbon-Lignières (M. le Cte Charles de), ch. de Lignières (Cher).

Billault (Mme), à Gençay (Vienne).

Broglie (M. le duc de), ch. de Broglie (Eure).

Boitel de Dieuval, ch. de la Folie, par Pierrefonds (Oise).

Besge (Mme A. de la), ch. de Pindray, par Montmorillon (Vienne).

Barbotan (Mme la Ctesse de), ch. de Maslacq, par Argagnon (Basses-Pyrénées).

Babuty (Joseph de), ch. d'Ambilly, par Annemasse (Haute-Savoie).

Blanchard des Crances (Mme), ch. de Briacé, par Le Loroux-Bottereau (Loire-Inférieure).

Breda (Mme la Ctesse Robert de), ch. du Rond-Royal, par Compiègne (Oise).

Bourguignon (aîné), à Rochefort-sur-Mer (Charente-Inférieure).

Bonsergent (l'abbé), à Mareuil-sur-Arnon (Cher).

Bost de Gargilesse (Mme du), 6, r. Saint-Évrault, à Angers (Maine-et-Loire).

Bellonnet (Mlle de), ch. du Lys, par Moulins (Allier).

Bonald (Vte de), ch. du Monna, par Milhau (Aveyron).

Beaumont (Élie de), à Nantes (Loire-Inférieure).

Boudaud (Mme Firmin), Les Landes-Gemusson, par Tiffauges (Vendée).

Bourg (Mme la Ctesse du), ch. de la Motte-Sérent, par Andouillé (Mayenne).

Boissy (de), à Paris.

Brignon de Lehen (de), à Ploüer (Côtes-du-Nord).

Beaumont (Cte J. de), 6, r. de Villersexel, à Paris.

Brocq, à Agen (Lot-et-Garonne).

Baduel, capitaine en retraite, à Murat (Cantal).

Bourgeois frères, à Nouzon (Ardennes).

Bertrand (Emile), à Annonay (Ardèche).

Bazin, banquier, à Narbonne (Aude).

Barruyer (Mme Angèle), à l'Abbesse (Isère).

Bourbon (Dr Henri), 6, av. de la Petite-Muette, Paris-Passy.

Bonneville, président du Conseil de fabrique de Saint-Étienne, à Auxerre (Yonne).

Breton, à Saint-Marcellin (Isère).

Briquet (M. et Mme C.), à Vézelise (Meurthe-et-Moselle).

Brelay (Ern.), 35, r. d'Offémont, à Paris.

Bonnier (Mlle Clara).

Boissonnet (Mme), 75, r. Miroménil, à Paris.

Bordes (Antonin), 51, av. Montaigne, à Paris.

Bapteresses, à Briare (Loiret).

Bondet (Mme), 30, r. Jacob, à Paris.

Belois (Mme), à Poitiers (Vienne).

Boissard (Ctesse de), ch. de Chauvière, par Saint-Georges (Maine-et-Loire).

Bailleidieu, ch. de Meyrieu, par Belley (Ain).

Beauclair, chef de bataillon au 14e, à Brive (Corrèze).

Besson, lieutenant-colonel au 56e de ligne, Chalon-sur-Saône (Saône-et-Loire).

Beauregard (M. Théobald de), ch. de Latingy, par Pont-aux-Moines (Loiret).

Boutin (E.), à Availles-Limouzine (Vienne).

Berthault du Marais (Mme), 19, r. Haute-du-Château, Nantes (Loire-Inférieure).

Bautigny, 12, r. de la Victoire, à Paris.

Candide (Sœur), supérieure du Sanatorium de Touraine.

Calmon-Maison (M. le Cte), ch. de Châteaurenault (Indre-et-Loire).

Caunon, ch. de Vaux, par Salbris (Loir-et-Cher).

Carré, 6, bd Heurteloup, à Tours (Indre-et-Loire).

Cerfberr (M. et Mme), ch. de la Tourmelière, par Ligueil (Indre-et-Loire).

Cassin de la Loge (Mme), ch. de Mouriac, par Feneu (Maine-et-Loire).

Cauffé, à Saint-Gauthier (Indre).

Celle (Mme de la), ch. de la Celle-Guenand, par Le Grand-Pressigny (Indre-et-Loire).

Cersac (Mme la Ctesse de), à Poncé (Sarthe).

Cesbron (Jules), ch. des Roches, par la Tricherie (Vienne).

Chabanty, à Tours (Indre-et-Loire).

Champchevrier (Mlle de), 1, r. de Clocheville, à Tours (Indre-et-Loire).

Champgrand (de), ch. d'Herbault, par Bracieux (Loir-et-Cher).

Chambellan (Mme), ch. de Sèvres, par Saint-Julien-l'Ars (Vienne).

Chaumier (D^r), à Bléré (Indre-et-Loire).

Chaumier (D^r), 19 *bis*, r. de Clocheville, à Tours (Indre-et-Loire).

Chaumier (Mme), 19 *bis*, rue de Clocheville, à Tours (Indre-et-Loire).

Chaumier (Mme), à Chinon (Indre-et-Loire).

Chauvin (Mme), 1, pl. Saint-Louis, à Blois (Loir-et-Cher).

Coulaine (Mme la B^onne de), ch. de Coulaine, par Chinon (Indre-et-Loire).

Chauzeix, trésorier-payeur général, à Tours (Indre-et-Loire).

Charencey (Mme la Ctesse de), ch. de Nauvé, par Saint-Cosme (Sarthe).

Chénard, impasse Grandière, à Tours (Indre-et-Loire).

Chevasnerie (Mme la Ctesse de la), ch. de Brizay, par la Tricherie (Vienne).

Chergé (Mme de), ch. de Chirons, par Le Blanc (Indre).

Chesneau de la Haugrenière, ch. de Marigné, par Bazouges (Sarthe).

Comby (D^r), médecin des Hôpitaux, Paris.

Chesnier du Chêne, ch. de la Roche, par Chargé (Indre-et-Loire).

Choisnard, à Tours (Indre-et-Loire).

Cholet (Mme la B^{nne} de), ch. du Mas, par Le Lion-d'Angers (Maine-et-Loire).

Cinet, ch. de Birmont, par Issoudun (Indre).

Clary (Mme la Ctesse), à Palluau, par Saint-Cyr-sur-Loire (Indre-et-Loire).

Clock (Mme la B^{nne} de), 10, r. Saint-Pierre-l'Hospitalier, à Poitiers (Vienne).

Cormier (Mme), 54, bd Béranger, à Tours (Indre-et-Loire)

Constantin (de), ch. de Greuille, par Ardentes (Indre).

Contades-Gizeux (Mme la M^{ise} de), ch. de Gizeux (Indre-et-Loire).

Cougny (de), ch. de la Grille, par Chinon (Indre-et-Loire).

Couppé (L.), ch. des Cottes, par Saint-Gauthier (Indre). Chan (Mme Vve).

Cour (de la), à Savigné, par Le Lude (Sarthe).

Courcival (le Mis de), ch. de Courcival, par Bonnétable (Sarthe).

Courcelle (Mme), ch. de l'Islette, par Azay-le-Rideau (Indre-et-Loire).

Coutard, 35, pl. du Marché, à Châteaurenault (Indre-et-Loire).

Crépel (D^r), au Grand-Pressigny (Indre-et-Loire).

Crombez, ch. de Lancosme, par Vendœuvres-en-Brenne (Indre).

Cumont (Mme la V^{tesse} de), ch. de la Lizière, par Saint-Martin-du-Bois (Maine-et-Loire).

Croué (Édouard), ch. de Courtozé, par Vendôme (Loir-et-Cher).

Cochetière (de la), à Beaufort (Maine-et-Loire).

Chizeray (Mme de), ch. du Petit-Fougeray, par Richelieu (Indre-et-Loire).

Cadieu.

Chappée (Mme).

Clavière (Mme de), 11, r. d'Orléans, à Angers (Maine-
et-Loire).

Clérambault (Gatian de), à La Membrolle (Indre-et-
Loire).

Chaland (Mlle), 21, r. Plantier, à Périgueux (Dordogne).

Chabauty.

Chambret (Mme de), à Valence (Drôme).

Cousseilhat (Mme), à Bascous (Gers).

Choix (Mme des), à Jaligny (Allier).

Cugnac (Mme la M^ise de), à Condom (Gers).

Caillac (Mme), à Auch (Gers).

Cercle Saint-Georges (le), r. Nationale, à Tours (Indre-
et-Loire).

Chambrun (Mme la V^tesse de), à Chambrun. Nancy
(Meurthe-et-Moselle).

Chivré (Mme la Ctesse de), ch. de la Plaine, par Saillons
(Drôme).

Condret (Mme), ch. de Roz-ar-Voalès, par Audierne
(Finistère).

Campagne (Mme la M^ise de), ch. du Fou, par Vouneuil
(Vienne).

Clérissy (Mme de), ch. de Campagne, par Manosque
(Basses-Alpes).

Cessole (Mme la Ctesse de), 2, pl. Saint-Dominique, à
Nice (Alpes-Maritimes).

Chapelle (Mme la B^onne de la), ch. de Selins, par Aunay
(Nièvre).

Chambure (Mme la B^onne de), ch. de Montmartin, par
Château-Chinon (Nièvre).

Cavelier (Mme de), 3, r. Monsieur, à Paris.

Chambost de Lépin (le Cte Tancrède de), ch. de Lépin, par La Bridoire (Savoie).

Chapelle (Mme la Ctesse de la), r. de l'Échelle-Marteau, à Laval (Mayenne).

Crouÿ (le Cte de), ch. de Mégandais, par Ernée (Mayenne).

Chambure (de), ch. de Montmartin, par Château-Chinon (Nièvre).

Cibiel (Mme), 8, r. de l'Élysée, à Paris.

Collignon, ch. de Reaucourt, par Momény (Meurthe-et-Moselle).

Châtelain (Mme Le), ch. des Épinays, par le Ribay (Mayenne).

Cinet (Mme), ch. de Barmond, par Issoudun (Indre).

Coste (Mme), ch. de La Canche, par Arnay-le-Duc (Côte-d'Or).

Courtis (Mme la M^ise des), ch. de Lavau, par Marthon (Charente).

Clamorgan (Mme de), ch. de l'Ermitage, par Bayeux (Calvados).

Carrère (M^elles de), ch. de Salles, par Bernac (Hautes-Pyrénées).

Capellis (Mme la M^ise de), 122, r. de Grenelle, Paris.

Chauchat (M. et Mme Ferdinand), ch. de l'Abbaye-du-Val, par Méry-sur-Oise (Seine-et-Oise).

Celle (Mme la Ctesse de la).

Caillot (Mme), ch. du Plessis-Kaër-en-Crach, par Auray (Morbihan).

Charette (A. de), ch. de Kerfily, par Elven (Morbihan).

Chabot (le Vte de), ch. du Parc-Soubise, par Monchamps (Vendée).

Cluzeau (M^ile du).

Chambost (le Vte de), ch. de Poisieu, par Crémieux (Isère).

Charrin (le Cte), ch. de Bruel, par Montcenis (Saône-et-Loire).

Cruzy (Mme de), ch. d'Auty, par Caussade (Tarn-et-Garonne).

Certeau (Mme de), ch. de Duingt, près Annecy (Haute-Savoie).

Clayeux (Mme), ch. de Coulon, par Jaligny (Allier).

Cumont (Mme la Ctesse de).

Chenay (Mme de), château de Chenay, par Alençon (Orne).

Champeaux (Mme de).

Caron (Mlle), 12, rue Banchereau, Tours (Indre-et-Loire).

Chapelle (Mme Régis de la), ch. de la Faye, par En-nordres (Cher).

Chantreau (Mme), à Couhé (Vienne).

Couppé, château des Cottes, par Saint-Gaultier (Indre).

Communauté de Saint-Charles d'Angers (Maine-et-Loire).

Compagnie du Gaz, à Angers (Maine-et-Loire).

Clément, avocat général, à Poitiers (Vienne).

Canquil, ch. de Saint-Cyr, par Cuxac (Aude).

Cutier (Mme), à Langon (Gironde).

Chénard, ch. de la Chénardière, par le Loroux (Loire-Inférieure).

Chambellan (l'abbé), ch. de Sèvres, par Saint-Julien-l'Ars (Vienne).

Castelnau (de).

Chaverondier (F.), château Josserand, par Perreux (Loire).

Chaillon (de).

Chaussée-Blot (Mme), 84, route des Ponts-de-Cé, Angers (Maine-et-Loire).

Caveng (Mme), r. du Puits, Vendôme (Loir-et-Cher).

Cohan (Mme), 1, r. du Foix, Blois (Loir-et-Cher).

Cornus (Mme), à Châteauroux (Indre).

Clémenceau (Mlle), à Angers (Maine-et-Loire).

Clavier (Mme), ch. de Champ-Fleury, par La Garnache (Vendée).

Chazel (Mme), ch. de Châteauvieu, par Saint-Symphorien-d'Ozon (Isère).

Courtois (Mme), à Blois (Loir-et-Cher).

Caillard (Mme), à Châtellerault (Vienne).

Corbin (Mme), à Ménigoute (Vienne).

Caseneuve (de), à Visan (Vaucluse).

Constant (Mme), 54, r. Bernard-Palissy, Tours (Indre-et-Loire).

Clément (Mme), à Lyon (Rhône).

Capron (Mme), à Cannes (Alpes-Maritimes).

Cor (le Cte du).

Coutex.

Cazeneuve (Mme C. de), à Visan (Vaucluse).

Cordier (Eug.), pl. des Bancs, à Parthenay (Deux-Sèvres).

Chassaing, 6, av. Victoria, Paris.

Carpentier (Mme Camille).

Coulongne (Paul), avoué, à Mamers (Sarthe).

Carmélites (les Religieuses), 23, av. de Messine, à Paris.

Colmet-Daâge (Gabriel), 126, bd Saint-Germain, à Paris.

Cochetière (Mme de la), à Sennecé, par Mazé (Maine-et-Loire).

Cardine (E.), à Courseulles (Calvados).

Colomby (Mme la B^onne de), ch. de Baliros, par Nay (Basses-Pyrénées).

Corn (Mme de), 21, cours Victor-Hugo, à Bordeaux (Gironde).

Chartier, avocat, à Mortagne (Orne).

Chénon (Mme Arthur), à Acre, par Urciers (Indre). ·

Châtelain (M^mo Le), à Mayenne (Mayenne).

Colombain (l'abbé J.-M.), à Chambéry (Savoie).

Catonnié, agent voyer, à Clamecy (Nièvre).

Crépy (Mme de), à Chartres (Eure-et-Loir).

Crétin-Lacroix (Vincent), à Bois-d'Amont (Jura).

Campredon (Lucien de), étudiant à Montpellier (Hérault).

Carré (Mme Henry), à Varennes, près Montereau (Seine-et-Marne).

Creuse (Frédéric), 59 *bis*, cours du Pavé-des-Chartrons, Bordeaux (Gironde).

Curé de Montguyon (le) (Charente-Inférieure).

Crécy (de), ch. des Sièges, par Sens (Yonne).

Coinquet (Mme), ch. du Port-Mulon, par Nort (Loire-Inférieure).

Carné (M. le B^on de), ch. de Kermat, par Hennebont (Morbihan).

Cambourg (Mme la V^tesse de), ch. de la Trinité, par Châteaubriant (Loire-Inférieure).

Chiseuil (Mme de), à Paray-le-Monial (Saône-et-Loire).

Clercq (Mme de), à Cerny, par La Ferté-Alais (Seine-et-Oise).

Collas de Châtelperron (Mme P.), ch. de Chassimpierre, par Jaligny (Allier).

Cordes de Séguier (Mme), ch. de la Pontonne, par Montréal (Aude).

Cabarrus (Mme A.-T. de), à Villepreux (Seine-et-Oise).

Commines de Marsilly (Mme de), 2, q. de la République, à Auxerre (Yonne).

Chabot (Mme la V^{tesse} de), à Lignereuil, par Avesne-le-Comte (Pas-de-Calais).

Clément (A.), ch. de la Châtaigneraie, par Vals (Ardèche).

Claveau (Camille), villa Saint-Michel, au Quesnoy, par Avranches (Manche).

Curé du Sableau (le) (Vendée).

Caille-Lécafette, à Amiens (Somme).

Cessac (Ctesse de), 59, r. de Varenne, à Paris.

Curé (le) de Saint-Etienne-du-Port, par Niort (Deux-Sèvres).

Chatry de Lafosse (Mme), 45, avenue Montaigne, à Paris.

Corpet (Mme Alfred), 39, faubourg Poissonnière, à Paris.

Caillot, 14, r. Nouvelle, à Paris.

Cottin (Mme), 15, r. de la Beaume, à Paris.

Chenard-Fréville (Mlle), à Gandigny, par Beaune-la-Rolande (Loiret).

Charnacé (Mme de), 13, r. Saint-Dominique, à Paris.

Chatel, Mathieu et Cie, à Bayard, par Chevillon (Haute-Marne).

Crouzaz (Mme de), à Tessé-la-Madeleine (Orne).

Chillot (Mlle), à Toul (Meurthe-et-Moselle).

Chevalier, ch. de Verclives, par Ecouis (Eure).

Coste-Méray (Mme), ch. de Lacanche, par Arnay-le-Duc (Côte-d'Or).

Curé (le) de Saivres, par Saint-Maixent (Deux-Sèvres).

Corbel-Féret, à Etony (Oise).

Chambrette-Bellon, à Bèze (Côte-d'Or).

Carret, 121, cours Lafayette, à Lyon (Rhône).

Commoy (Mme), à Saint-Claude (Jura).

Coste-Ramus (Mme), à la Canche, par Arnay-le-Duc (Côte-d'Or).

Charnacé (Mme la M^ise de), ch. du Bois-Montboucher, par Le Lion-d'Angers (Maine-et-Loire).

Chiffard, 46, r. Saint-Brice, à Chartres (Eure-et-Loir).

Costel (Victor), 8, cité Vanneau, à Paris.

Cottier (Mme Maurice), ch. de Cangé, par Saint-Avertin (Indre-et-Loire).

Cottet, banquier, 8, r. de la Bourse, à Lyon (Rhône).

Chédeville, pharmacien, à Nonancourt (Eure).

Corpechot-Hérard, ch. de Chanteloup, par Sainte-Savine (Aube).

Contard fils, à Semur (Côte-d'Or).

Crépin, banquier, à Baccarat (Meurthe-et-Moselle).

Curel (Mme la V^tesse de), 83, rue de Grenelle, à Paris.

Curé de Cormeilles (le) (Eure).

Chenest (Mme), à La Cassine, par Vendresse (Ardennes).

Carron (Mme), à Veneux-Vadon, par Moret (Seine-et-Marne).

Colonel (le) du 86e régiment d'Infanterie, Le Puy (Haute-Loire).

Chaléen (Mme de), à Tarascon (Bouches-du-Rhône).

Colonel (le) du 37e régiment d'infanterie, à Nancy (Meurthe-et-Moselle).

Cardon (M. J.), à Soissons (Aisne).

Coursu (V^tesse de), à Nantes (Loire-Inférieure).

Chasserand et Luneau, à Châteauneuf (Charente).

Callis (pour Georges), à Fontenay-le-Comte : X..., chef de bataillon au 137e.

Cirodde (Mme), à Uncey-le-Franc, par Vitteaux (Côte-d'Or).

Corny (Mme Berthe de), ch. de la Broche, par Etrépagny (Eure).

Caudey, 34, rue Franklin, Lyon (Rhône).

Changy (M. le Cte de), ch. de la Grifteraye, par Beaugé (Maine-et-Loire).

Drake del Castillo (Emmanuel), ch. de Saint-Cyran, par Châtillon (Indre).

Drake del Castillo (Jacques), ch. de Candé, par Monts (Indre-et-Loire).

Damne (de).

Danion (Mme), ch. de Rassay, par Genillé (Indre-et-Loire).

David-Dudezert (Mme), 16, bd Béranger, Tours (Indre-et-Loire).

Delaville Le Roulx, ch. de la Roche, par Monts (Indre-et-Loire).

Delaville Le Roulx (Mme), ch. de la Roche, par Monts (Indre-et-Loire).

Deloche, à Tours (Indre-et-Loire).

Delorme.

Descottes, 35, r. Traversière, Tours (Indre-et-Loire).

Dely (Mme la Ctesse de), à Pontivy (Morbihan).

Desjeux-Védie, 59, bd Heurteloup, Tours (Indre-et-Loire).

Derouet (Mme), 16, r. des Cordeliers, Tours (Indre-et-Loire).

Deslis, 6, rue Gambetta, Tours (Indre-et-Loire).

Delaîttre (D'), 57 *bis*, bd Béranger, Tours (Indre-et-Loire).

Diolant (de), à Compiègne (Oise).

Deuvry, ch. de la Pacaudière, par Luçay-le-Mâle (Indre).

Destréguil, 45, r. Nationale (Tours).

Diard, quai Charles-VII, Chinon (Indre-et-Loire).

Dorvau (Mme), 66, r. Marceau, Tours (Indre-et-Loire).

Doudeauville (Mme la D^esse de), ch. de la Gaudinière, par La Ville-aux-Clercs (Loir-et-Cher).

Dreux-Brézé (de).

Dubois, 3, r. d'Entraigues, Tours (Indre-et-Loire).

Duboys d'Angers, Trigallière cottage, par Cléré (Indre-et-Loire),

Dufour (M. et Mme), ch. de Bouges, par Levroux (Indre).

Dubois (Mme), 9, terrasses des Carmélites, à Tours (Indre-et-Loire).

Dujon (Mme la B^nne), à Chezelles (Indre-et-Loire).

Duthoo, 78, r. Nationale, Tours (Indre-et-Loire).

Raoul-Duval (M. et Mme F.), ch. de Marolles, par Genillé (Indre-et-Loire).

Dauprat, les Mazerais, par Savonnière (Indre-et-Loire).

Dien-Vernier (Mme V^re), à Bossée (Indre-et-Loire).

Devaulx de Chambord (Mme René), ch. de la Celle-Guenand (Indre-et-Loire).

Duverger.

Denis-Dumontier (Mme), ch. de Paradis, par Avoine (Indre-et-Loire).

Drouault (Mlle), ch. de Thurault, par Coussay-les-Bois (Vienne).

Duchâteau, 1, r. de la Bazoche, Tours (Indre-et-Loire).

Duval (Mme et Mlle), 14, avenue de l'Alma, Paris.

Dugat (Mme et Mlle), 10, rue Néricault-Destouches, Tours (Indre-et-Loire).

Dumont, 4, r. Saint-Louis, Tours (Indre-et-Loire).

Durand (Mme Jules), ch. de Morillon, par Chambourg (Indre-et-Loire).

Durfort (Mme la M^ise de), ch. de La Ferté-Saint-Cyr, par La Ferté-Saint-Cyr (Loir-et-Cher).

Drake del Castillo (Georges), ch. de Véretz (Indre-et-Loire).

Dusser (Mme), à Saint-Avertin, près Tours (Indre-et-Loire).

Duttier (L.), château de Vaillé, par Meuil (Maine-et-Loire).

Dutilleul, 25, r. des Halles, Tours (Indre-et-Loire).

Delâtre (Mme), 94, bd Béranger, Tours (Indre-et-Loire).

Desson de Saint-Aignan (Mme la Ctesse), ch. de Bélaire, par Bonnétable (Sarthe).

Divonne (le Cte de), à Arles (Bouches-du-Rhône).

Damast (le B^on de), à Nancy (Meurthe-et-Moselle).

Drée (le Cte de), à Royan (Charente-Inférieure).

Demandolx (Mme la M^ise), ch. d'Agut, par Martigues (Bouches-du-Rhône).

Ducellier (Mme), ch. d'Ouzilly, Lathus (Vienne).

Deslinsel (Mme), ch. de Wavrechain, par Denain (Nord).

Dumarchais, à Alligny-en-Morvan (Nièvre).

Deschellerins (Mme), ch. de l'Étang, par Châteauneuf-sur-Loire (Loiret).

Ducel (Mme G.), ch. de Chaon, par la Motte-Beuvron (Loir-et-Cher).

Dailly (Mme), 69, r. Pigalle, Paris.

Daviaud (Mme), ch. de Bourron, par Castillon-sur-Dordogne (Gironde).

Dehaynin (Gabriel), 76, fg Saint-Honoré, Paris.

Dolfus (Mme), 75, bd Malesherbes, Paris.

Doré (Mme).

Desauney (Mme), 149, bd Magenta, Paris.

Dompierre (Mme de), ch. du Haut-Buisson, par Marquise (Pas-de-Calais).

Dorange (Mlle Madeleine), 72, r. d'Entraigues, Tours (Indre-et-Loire).

Doyen, ch. des Fosses, par Tournon-Saint-Martin (Indre).

Dieudonné.

Dividis de Saint-Cosme (Mme), ch. de Chappe-d'Ane, près Vendôme (Loir-et-Cher).

Darcy, ch. de Gouville, par Dijon (Côte-d'Or).

Desauges, ch. de Maisonneuve, par Combronde (Puy-de-Dôme).

Dellumeau et Remond, 3, r. des Capucines, à Poitiers (Vienne).

Duval (Mme), à La Ferté-Macé (Orne).

Dureault, ch. des Croisettes, par Joncy (Saône-et-Loire).

Damas (Mme la C^esse de).

Darrouy (Mme), ch. Darrouy, par Roquefort (Landes).

Davillier, à Paris.

Desnoès (E.), ch. de l'Oseraie, par Morannes (Maine-et-Loire).

Delanoë (Léon), 31, r. Poquet-de-Livonnière, Angers (Maine-et-Loire).

Delfour, ch. de Salgues, par Gramat (Lot).

Depoilly (J.), ch. d'Escarbotin, par Escarbotin (Somme).

Deram (Mme), à Châteauroux (Indre).

Divonne (Mme la C^esse de).

Dangé (Mme), à Blois (Loir-et-Cher).

Dufaut fils.

Devert (Mme).

Duriez, 20, pl. des Vosges, Paris.

Demonts (C.-E.), notaire, 8, pl. de la Concorde, à Paris.

Dugon (M. le Mis et Mme la M^ise), 19, rue du Colisée, Paris.

Devoncoux, ch. de Villequiers, par Villequiers (Cher).

Duval (Mlle Marie), pl. du Marché, à La Ferté-Macé (Orne).

Dulong (M. et Mme Emile), à Rigny-le-Ferron (Aube).

Detaux (Mme), à Gérardmer (Vosges).

Druet (Mme Yvonne), à Poitiers (Vienne).

Dantec (le), à Saint-Malo (Ille-et-Vilaine).

Destailleur (Mme), 11 *bis*, passage de la Visitation, Paris.

Delage (Mme Jules), ch. de la Chapelle-Blanche, par Saint-Victurnien (Haute-Vienne).

Dinmenyo (Mme), à Saint-Laurent-de-Cerdans (Pyrénées-Orientales).

Damilot, 148, r. Legendre, à Paris.

Denis, à Tonnerre (Yonne).

Duclos (Mme V^re), pavillon Saint-Marc, à Grand-Couronne (Seine-Inférieure).

Duvant (Mme), à Beaumont, par Vierville-sur-Mer (Calvados).

Desmalter (Mme Jacob), 21, r. de Téhéran, à Paris.

Dericq, à Bonlin, par Pouyastruc (Hautes-Pyrénées).

Deschamps de la Celle (Mme), ch. de La Celle, par La Celle (Corrèze).

Dignères (Victor des), ch. de Sévigni, près Argentan (Orne).

Devré (Mme), ch. de Blandan, par Le Mans (Sarthe).

Dulong de Rosnay (Mme), ch. d'Ormes, par Simandre (Saône-et-Loire).

Durand, à Auxerre (Yonne).

Déroulède (Mme André), 59, avenue Victor-Hugo, à Paris.

Delavau (Mme Victor), rue des Payens, à Saumur (Maine-et-Loire).

Ducamp (Mme), ch. du Corset-Rouge, par Duclair (Seine-Inférieure).

Dailly-Frochot (Mme), ch. d'Etuf, par Dancevoir (Haute-Marne).

Ducasse (M. et Mme Alfred), ch. de Rebigne, par Castanet (Haute-Garonne).

Deslinsel (Mme Vve Aimé), à Wavrechain-sous-Denain (Nord).

Ducos (le Cte), abbaye de Septfontaines, par Andelot (Haute-Marne).

Daumet (Mme), Le Pecq (Seine-et-Oise).

Demachy (Mme), 13, r. François-Ier, à Paris.

Dufour (Victor), 23, chemin du Vivier, à Lyon (Rhône).

Dedons, à Garein, par Sarres (Landes).

Doré (Mlle A. du), ch. de la Septières, par Montfaucon-sur-Moine (Maine-et-Loire).

Delmonchy (l'abbé), curé de Lagarde, par Barbezieux (Charente).

Delaporte (Mme), à Saint-Hilaire-du-Harconet (Manche).

Dupont (Alfred), à Lormeteau, par Fresneau (Oise).

Delaunay (Henri), 9, r. des Capucins, à Poitiers (Vienne).

Dufaut fils, a Pierry (Marne).

Delaporte (Mme), à Paris.

Dionne, à Dijon (Côte-d'Or).

Delhumeau (Melle), 31, r. Toussaint, à Angers (Maine-et-Loire).

Debains (Mme F.), 85, r. de Monceau, à Paris.

Dieulafoy (Mme Georges), 38, avenue Montaigne, à Paris.

Drubigny (l'abbé), curé-archiprêtre de Sedan (Ardennes).

Dupin (Alexandre), banquier, à Marmande (Lot-et-Garonne).

David, banquier, à Nay (Basses-Pyrénées).

Deséglise, banquier, à Henrichemont (Cher).

Dessoly (Mme), à Montceau-les-Mines (Saône-et-Loire).

Desâges (l'abbé), curé d'Ebréon, par Tusson (Charente).

Desfossé (Mme), 6, r. Galilée, à Paris.

Dejardin (l'abbé), curé-doyen de Vailly (Aisne).

Dalmins, banquier, à Yenne (Savoie).

Desrousseau (Mme Lucien), ch. de Laval-Dieu, par Givonne (Ardennes).

Desfossés (Mme), villa Saïd, 56, avenue du Bois-de-Boulogne, Paris.

Dubuisson, pharmacien, 279, rue de Normandie, Le Havre (Seine-Inférieure).

Delpierre, 82, r. Ed-Devaux, à Saint-Omer (Pas-de-Calais).

Defruod (Mme), à Massigneux (Ain).

Duruslé-Renouard, à Sillé-en-Gonffern, par Argentan (Orne).

Duvau (Jules), maire de Châtellerault (Vienne).

Étoile (Mme la Ctesse de l'), 39, r. de la Tannerie, Abbeville (Somme).

Estival (d'), ch. d'Estival, par Waas (Sarthe).

Évêque de Blois (Sa Grandeur Mgr l') (Loir-et-Cher).

Évêque de Saint-Dié (Sa Grandeur Mgr l') (Vosges).

Evrard (M. et Mme), à Martigny (Sarthe).

Estienne (Mme d').

Estampes (Mme la Ctesse d'), 12, r. Pigalle, Paris.

Espinay (Mme d'), 28, rue Tarin, à Angers (Maine-et-Loire .

Employés (les) de M. Magne, à Toulouse (Haute-Garonne).

Espinay (le Cte d'), ch. de Saint-Hubert, par Romorantin (Loir-et-Cher).

Évêque de Bayonne (Sa Grandeur Mgr l') (Basses-Pyrénées).

Espeuilles (le Général d'), ch. de la Montagne, par Saint-Honoré-les-Bains (Nièvre).

Évêque d'Oran (Sa Grandeur Mgr l') (Algérie).

Ephrussi (Mme Maurice), ch. de Ferrière-en-Brie (Seine-et-Marne).

Ebraly (Mme Gabriel L'), à Ussel (Corrèze).

Espagny (M. le Cte d'), ch. de la Grye, par Amburle (Loire).

Ebelot (Mme Henri), ch. de Marignac, par Cierp (Haute-Garonne).

Eyrioux, à Vallon (Ardèche).

Évêque de Vannes (Sa Grandeur Mgr l') (Morbihan).

Espiés de l'Aubespin (V^{tesse} d') ch. des Ruaux, par Feneu (Maine-et-Loire).

Eymond, fabricant d'huiles, à Istres-en-Provence (Bouches-du-Rhône).

Évêque de Mende (Sa Grandeur Mgr l') (Lozère).

Eirard (Mme Jules), à Mirecourt (Vosges).

Fraisse, ch. du Val-Joly, par La Talaudière (Loire).

Fressé (L.).

Fouquet (Mlle Marie).

Fougeron (M. et Mme).

Fauqué (Mlle), 13, r. de Jérusalem, Tours (Indre-et-Loire).

Faye, 44, bd Heurteloup, à Tours (Indre-et-Loire).

Ferté (Mme la Ctesse de la), ch. d'Alet, par Ligueil (Indre-et-Loire).

Ferté (Mme la M^{ise} de la), ch. d'Alet, par Ligueil (Indre-et-Loire).

Fontaine, 75, r. Marceau, Tours (Indre-et-Loire).

Forge (de la), ch. de la Croizerie, par la Ville-aux-Clercs (Loir-et-Cher).

Fortin, ch. de Noiron, par Mirebeau (Vienne).

Fortris, r. Traversière, 22, Tours (Indre-et-Loire).

Fouchardière (Mme de la), à Châtellerault (Vienne).

François (Mme), ch. de la Vienne, par Pressigny-le-Grand (Indre-et-Loire).

Frégeollière (Mme la V^{tesse} de la), ch. de Saint-Hilaire (Maine-et-Loire).

Françon (D^r), à Aix-les-Bains (Savoie).

Femont (de).

Fournier (Mme), à Vouvray.

Fessé-Charleval (Mme la V^{tesse} de), à Marseille (Bouches-du-Rhône).

Fay (Mme la Ctesse de), à Avranches (Manche).

Faï (Mme la Ctesse du), bd Béranger, Tours.

Florens, ch. de la Lonne-du-Thoronet, par Lorgues (Var).

Fontaine (Mme de la), château de Noisy-le-Roi (Seine-et-Oise).

Fayet (le Mis de), ch. d'Aveny, par Ecos (Eure).

Fenouillet (Mme de), château des Fons, par Anduze (Gard).

Fournas-Fabrezan (Mme la B^ne de), ch. de Pouzols, par Ginestas (Aude).

Forestier de Coubert (Mme), 205, faubourg Saint-Honoré, Paris.

Fontenoy (Mme la Ctesse de), ch. de Dommartin, par Toul (Meurthe-et-Moselle).

Froissard (le Mis de), ch. de Bersaillin, par Bersaillin (Jura).

Fontaine (Mme de), ch. de Saint-André, par Cerisay (Deux-Sèvres).

Frappier (Mme), à Niort (Deux-Sèvres).

Fontarcé (Mme A. de), ch. de Darbois, par Châtillon-sur-Seine (Côte-d'Or).

Faure (Étienne de), 31, r. de Washington, Paris.

Faugières (Ferdinand), ch. de la Reynerie, par Vernet la-Varenne (Puy-de-Dôme).

Froment (le Cte de), ch. de la Jutière, par Port-Saint-Père (Loire-Inférieure).

Faré (Mme Henri), 156, r. de Rivoli, Paris.

Faure (Léon de), 221, r. Saint-Merry, Fontainebleau (Seine-et-Marne).

Laforterie (Mme de la), ch. de Villers-en-Plaine, par Coulonges (Deux-Sèvres).

Feu (Mme de), château des Esserties, par Flogny (Yonne).

Fonteneau (Mme).

Forest-Divonne (Mme la Ctesse de la), ch. des Trois-Moulins, par Melun (Seine-et-Marne).

François (S.), à Issoudun (Indre).

Forest-Divonne (Mme la Ctesse de la), Paris.

Fouquet (Mme), à Mons-sur-Vienne (Vienne).

Foucher de Careil (Mme la Ctesse), à Corbeil (Seine-et-Oise).

Fayolle (Mme la M^{ise} de), ch. de Fayolle, par Tocane-Saint-Apre (Dordogne).

Frété (Mme Edouard), à Joigny (Yonne).

Favard (Mme), ch. de Prye, par Saint-Benin-d'Azy (Nièvre).

Farcy (Mme Paul de), ch. de la Chesnaye, par Mordelles (Ille-et-Vilaine).

Fouilhoux (Mlles), à Clermont-Ferrand (Puy-de-Dôme).

Fruchard (Mme A.), à Châtellerault (Vienne).

Frappier (Mme Alfred), ch. de Bois-Guérin, par La Mothe-Saint-Héraye (Deux-Sèvres).

Fleury (Mme la B^{onne} André de), ch. du Plessis, par Herbault (Loir-et-Cher).

Faucher (de), capitaine en retraite, à Pertuis (Vaucluse).

Franqueville (Mlle de), à Fort-Manoir, par Boves (Somme).

Fremond (M. et Mme de), ch. de la Merveillère, par Châtellerault (Vienne).

Falateuf (Mme Oscar), ch. de Serrigny, par Tonnerre (Yonne).

Fayet (M. le Mis du), château d'Aveny, par Vernon (Eure).

Frézals (Mme de), ch. du Rond-Royal, par Compiègne (Oise).

Fontenay (Mme de), à Nevers (Nièvre).

Fallaize (Mme), à Genneville, par la Rivière-Saint-Sauveur (Calvados).

Fontenay (M. le B^{on} de), ch. de Saint-Hilaire-sur-Rille, par Sainte-Gauburge (Orne).

Fourcade, banquier, à Villeneuve-sur-Lot (Lot-et-Garonne).

Froissart (Gustave), à Lens (Nord).

Flandrin (Mme Paul et Mlle Marie), 79, r. de Paris, à Montgeron (Seine-et-Oise).

Fontainien (Henri de), ch. de Sallegourde, par Villenave (Gironde).

Fleury (Mme Ed.), à Vorges, par Bruyères (Aisne).

Feuvrier (Paul), à Damprichard (Doubs).

Fabien (Mme), 148, r. de la Tour, à Paris.

Fliche (avocat), 1, r. de l'Université, Paris.

Frère, chef de bataillon au 12e d'Infanterie, Perpignan (Pyrénées-Orientales).

Fine (Henri), 69, bd de la Madeleine, à Marseille (Bouches-du-Rhône).

Franchet d'Espérey, commandant au 153e d'Infanterie, à Toul (Meurthe-et-Moselle).

Gambillon (Mme), à Saint-Lô (Manche).

Gaudeau (D^r), à La Haye-Descartes (Indre-et-Loire).

Gauquelin, 14, place Saint-Clément, Tours (Indre-et-Loire).

Galdemar (Mme), 78, bd Béranger, Tours (Indre-et-Loire).

Gazeau de Vautibault (Mme), ch. de Montglonne, par Saint-Florent (Maine-et-Loire).

Gallwey (Mme la Ctesse de), ch. de Puygirault, par Mérigny (Indre).

Genty de Bussy (Mme), 37, r. d'Entraigues, Tours (Indre-et-Loire).

Goddyn de Lye, villa Margot, par Montjean (Maine-et-Loire).

Genty, ch. de Villechaise, par Romorantin (Loir-et-Cher).

Goldschmidt (Mme), ch. de la Tourmelière, par Ligueil (Indre-et-Loire).

Goüin (Henri), ch. de la Plouterie, par La Ferté-Bernard (Sarthe).

Grailly (Mme la C^{esse} de), ch. de Panloy (Charente-Inférieure.

Grégoire (Mme), ch. de l'Abbatiale, par Montrésor (Indre-et-Loire).

Grimal, 58, r. Victor-Hugo, Tours (Indre-et-Loire).

Grimaud (Mme), ch. d'Esgne, par Vivonne (Vienne).

Grollier, ch. de la Motte-Grollier, par Bazouges (Sarthe).

Guérard (Mme), 39, r. Nationale, Tours (Indre-et-Loire).

Guerlin, 14, r. des Halles, à Tours (Indre-et-Loire).

Guérault (D^r), 35, r. de l'Archevêché, Tours (Indre-et-Loire).

Guérinière (Mme de la), ch. de Mélinais, par La Flèche (Sarthe).

Guitton, à Loches (Indre-et-Loire).

Guillaume (Mme), 3, bd Heurteloup, Tours (Indre-et-Loire).

Gourdin (Mme), à Draché, par Sainte-Maure (Indre-et-Loire).

Goflard (Alfred), membre du Conseil général du Cher, à Vierzon (Cher).

Gaillard, ch. de Lye, par Valençay (Indre).

Gatel (H. de).

Gauvry (Mme), 16, r. de la Préfecture, Tours (Indre-et-Loire).

Guerchy (Mme), à Libourne (Gironde).

Gony de Bellecocque-Feuquières, 3, rue d'Alliance, Nancy (Meurthe-et-Moselle).

Grailly (le Cte de), à Poitiers (Vienne).

Guérinière (Mme de la), Le Mans (Sarthe).

Gailhard (Mme de), à Marseille (Bouches-du-Rhône).

Guron (Mme la M^ise de), à Matassière (Charente-Inférieure).

Gauthier (Mme).

Gasset (J. du), r. des États, Nantes (Loire-Inférieure).

Grimaldi-Regusse (Mme la M^ise de), ch. de Seillon, par
Saint-Maximin (Var).

Gautret (Mme la Ctesse de), ch. du Petit-Livry, par Lon-
graye (Calvados).

Guille (Mme), ch. du Treuil, par Jarnac (Charente).

Guérin (Mlle), ch. de la Jaudonnière, par Les Ponts-de-
Cé (Maine-et-Loire).

Guineuf, château de la Fusellerie, par Recigné
(Sarthe).

Geynet (Mme), ch. de Lafaye, par Montmoreau (Charente).

Gaudechart (Mme la Ctesse de), ch. de l'Épine, par Beauvais (Oise).

Gicquel des Touches (Mme la M^ise), 30, r. du Sud, Versailles (Seine-et-Oise).

Grasse (Mme la Ctesse de), ch. de Penly, par Envermeu,
(Seine-Inférieure).

Gavinet (Mme), ch. de Fourneau, par Chalonnes (Maine-
et-Loire).

Gautier, 17, r. de l'Université (Paris).

Girauld d'Avrainville (Mme), château du Couvent-des-
Célestins, à Champagne, par Thomery (Seine-et-
Marne).

Grenouillet (Mme), ch. de Parçay, par Châteauroux
(Indre).

Gabin (Mme), ch. de Morières, par Jort (Calvados).

Givenchy (Mme Xavier de), ch. de Doudeauville, par
    Samer (Pas-de-Calais).

Gardette (le Cte de la), ch. de Fontsalette, par Sainte-
    Cécile (Vaucluse).

Guybert de Labeausserie (Oscar), ch. de Courdelas, à
    Panazol, par Limoges (Haute-Vienne).

Galinier (Mme), ch. de Fonlongue, par Caussade (Tarn-
    et-Garonne).

Guion (P.), pharmacien, à l'Isle-sur-Sorgue (Vaucluse).

Grange (le B^{on} de la), ch. de Sebourg, par Sebourg
    (Nord).

Guis, à Sorède (Pyrénées-Orientales).

Gargan, pharmacien.

Gohin, château de Grammont, par Châteaumeillant
    (Cher).

Grellet, ch. de Saint-Domet, par Bellegarde-en-Marche
    (Creuse).

Gazeau-Genève, 12, av. de Grammont, à Tours (Indre-
    et-Loire).

Gallicher (Mme), château de Rogemont, par Levet
    (Cher).

Grandmaison (Georges de), député de Maine-et-Loire,
    13, r. Saint-Florentin, Paris.

Gautier-Meslier, 7, pl. du Pélican, Angers (Maine-et-
    Loire).

Glossop (Miss), 59, r. de Courcelles, Paris.

Galin (Henri), notaire, 55, rue de Châteaudun,
    Paris.

Gibert (Mme Paul de), ch. de Grèges, par Dieppe
    (Seine-Inférieure).

Gérard, avocat, à Sens (Yonne).

Gravier (Mme V^{re}), ch. du Roulet, par Saint-Flovier
    (Indre-et-Loire).

Gognet (René), 25, r. du Palais, La Roche-sur-Yon (Vendée).

Gendreau (M. et Mme Henri), Le Pellerin (Loire-Infé-(rieure).

Guibert-Pourchelle, à Amiens (Somme).

Gosset, architecte, à Reims (Marne).

Guilbin (Paul), ingénieur, à Troyes (Aube).

Gripouilleaux, 75, r. de Paris, à Tours (Indre-et-Loire).

Grammont d'Aster (Mme la Ctesse de), 68, av. de l'Alma, Paris.

Germain, château de Malcombes, par Rillé (Indre-et-Loire).

Galbrun (Mme), ch. de la Roche-Foissard, par Gennes (Maine-et-Loire).

Gaben, à Sainte-Opportune (Loire-Inférieure).

Guercheville (Mme la M^{ise} de), 11, r. de Varennes, à Paris.

Gouget (Mme), ch. de Moloy-sur-l'Ignon, par Coutivron (Côte-d'Or).

Gravier (Mme Paul), 11, r. de Prony, à Paris.

Gagneur de Patornay (Mme), ch. de Perrody, par Gex (Ain).

Gensse (V.), à Senlis (Oise).

Ganay (Mme la Ctesse de , ch. de Fougerette, par Etang-sur-Arroux (Saône-et-Loire).

Gioja (Mme), ch. de Boissise-la-Bertrand, par Melun (Seine-et-Marne).

Goncourt (Mme Louis de), ch. de Goncourt, par Thié-blemont (Marne).

Guer (de), château de la Ville, Hue, par Guer (Mor-bihan).

Gubbay (Mme Reuben), 63, r. Pierre-Charron, à Paris.

Geoffroy-Chateau (Mme), 10, r. de Lisbonne, à Paris.

Goëdert (Mme G.), à Sedan (Ardennes).

Gontaut (Mme la Ctesse de).

Guerry de Beauregard (Mme la Mlle de), 198, rue de Rivoli, à Paris.

Gangnat, à la Ronce, par Châtillon-sur-Loing (Loiret).

Grandelas (Mme A. de), ch. de Saint-Aubin-Fontenays, par Tilly-sur-Seulles (Calvados).

Gautret (Mme la Ctesse douairière de), ch. du Petit-Livry, par Bayeux (Calvados).

Guer (Mme de), ch. de la Petite-Rivière, par Savennières (Maine-et-Loire).

Gastines (Mme la Ctesse de), ch. de la Denisière, par Coulans (Sarthe).

Gois (Joseph), 14, r. Abélard, à Sens (Yonne).

Guérin (Charles), à Paris.

Gréa (l'abbé), curé de Clichy (Seine).

Goury du Roslan (Mme), 9, av. de Messine, Paris.

Guyenet et Cie, 83, bd Magenta, Paris.

Gaultier, commandant au 61e, Marseille (Bouches-du-Rhône).

Guitaut (Mme la Ctesse de), ch. d'Epoisses, par Epoisses (Côte-d'Or).

Gir (P.), Boulogne-sur-Seine (Seine).

Hecquart, ch. de Vast, par Aigurande (Indre).

Hamel (Mme la V^tesse du), ch. de la Merci-Dieu, par La Roche-Pozay (Vienne).

Hainguerlot (B^on), ch. de Poillé, par Semblançay (Indre-et-Loire).

Hardion, 4, r. Traversière, Tours (Indre-et-Loire).

Hattecourt (Mme d'), ch. de Chanzeaux, par Saint-Lambert-des-Lattray (Maine-et-Loire).

Hélian (d'), ch. de Beaucé, par Sablé (Sarthe).

Hély d'Oissel (R.), château du Bois-Roussel, par Essay (Orne).

Henraux (Mme), ch. de la Chute, par Chanceaux-sur-Choizille (Indre-et-Loire).

Herpin (Dr O.), 36, r. de Clocheville, Tours (Indre-et-Loire).

Hébert (Mme), ch. de l'Abbatiale, par Le Bec-Hellouin (Eure).

Houëau de Maulaville, ch. du Grand-Perray, par Waas (Sarthe).

Houdouart, à Saint-Aignan (Loir-et-Cher).

Halgouët (Mme la V^esse de), ch. des Hayes, par Plélan (Ille-et-Vilaine).

Harcouët (Mme la V^tesse X. de), à Vannes (Morbihan).

Hors (Mme la B^oe Octave des), à Gannat (Allier).

Houdonart (d'), à Valençay (Indre).

Haussy (Mme d'), ch. d'Artres, par Artres (Nord).

Hennezel (Mme la V^tesse d'), ch. de Marault, par Bologne (Haute-Marne).

Harcourt (Mme la Ctesse P. d'), 11, r. Vaneau, Paris.

Saint-Hilaire (Mme de).

Handjéri (Mme la P^esse), ch. de Manerbe, par Lisieux (Calvados).

Hérault (Mme).

Hutraye (J.), pharmacien, à Avranches (Manche).

Houlley (le B^on du), château de Montour, par Cléry (Loiret).

Hemon, avocat, à Amiens (Somme).

Haugrenière (M. et Mme de la), à La Flèche (Sarthe).

Hallez (Mme), 28, rue de l'Archevêché, Tours (Indre-et-Loire).

Humann (le Général et Mme), ch. du Chesnay, par Gagny (Seine-et-Oise).

Haton de la Goupillière, 60, boulevard Saint-Michel, Paris.

Hamel (Mme la Ctesse du), ch. de Castets, par Castets-en-Dorthe (Gironde).

Hendecourt (d'), 1, quai des Brotteaux, à Lyon (Rhône).

Harambure (Mme la V^tesse d'), 21, bd de la Tour-Maubourg, à Paris.

Holier (M. et Mme Jules d'), ch. d'Arques, par Villefranche-de-Lauragais (Haute-Garonne).

Hochet (Mme), ch. de la Croix-Saint-Jacques, par Melun (Seine-et-Marne).

Haentjens (Mme), ch. de la Perrigne, par Savigné-l'Evêque (Sarthe).

Hémard, à Epernay (Marne).

Hourticolier, 4, pl. Saint-Didier, à Poitiers (Vienne).

Halleux (Mme Charles), à Sedan (Ardennes).

Hauteville (M. le Mis d'), 26, r. Vignon, à Paris.

Heude (Georges), à Fougères (Ille-et-Vilaine).

Hébert Stevens (Mme), 103, rue Lauriston, à Paris.

Henrotte (Mme Joseph), 12, r. Halévy, à Paris.

Huguet (Mme), 12, av. de la Marguerite, au Vésinet (Seine-et-Oise).

Imécourt (Mme la Ctesse d'), 2, bd Marchand-Duplessis, Tours (Indre-et-Loire).

Ille (Mme de l').

Ivry (Mme la M^{ise} d'), ch. de Corabeuf, par Ivry (Côte-d'Or).

Imbault (Mme), ch. de Gadeville, par Matha (Charente-Inférieure).

Indy (Vincent d'), château des Fougs, par Vernoux (Ardèche).

Jahan de l'Estang, ch. de l'Estang, par Montrésor (Indre-et-Loire).

Jaumier, 3, quai Port-Bretagne, Tours (Indre-et-Loire).

Joncquières (Mme de), à Joué-les-Tours (Indre-et-Loire).

Jourdain (l'abbé), 19, bd de l'Est, Blois (Loir-et-Cher).

Joubert (Mme), 11, r. Volney, Angers (Maine-et-Loire).

Jourdan (Mme la V^{tesse} de).

Jacquier (Mme), ch. de la Queue-en-Brie (Seine-et-Oise).

Jouet, 66, r. du Commerce, Tours (Indre-et-Loire).

Jobet (E.), 5 *bis*, r. St-François-de-Paule, Tours (Indre-et-Loire).

Jousselin (Mme la M^{ise} de), ch. de Bénaudière, par Saint-Georges-sur-Loire (Maine-et-Loire).

Jourdan (Mme).

Juchault (Mme), 30, bd Béranger, Tours (Indre-et-Loire).

Juliot (Mme), 53, r. Nationale, Tours (Indre-et-Loire).

Saint-James (Mme de), ch. de Coesmes, par Bellême (Orne).

Juvigneau (Mme), ch. de Villevêque, par Pellouailles (Maine-et-Loire).

Joncheray (du), à Craon (Mayenne).

Jussieu (Mme de), ch. de Creuze-Noire, par Crèches-sur-Saône (Saône-et-Loire).

Jauffret (Mme), ch. de Coudoux, par Velaux (Bouches-du-Rhône).

Jaubert (Mme la V^{tesse}), 27, avenue Montaigne, Paris.

Joly, à Tours (Indre-et-Loire).

Jenty (Mme Ch.), 130, fg Saint-Honoré, Paris.

Jagueneau, à Matha (Charente-Inférieure).

Jarrand (Mme), à La Salesse, par Aubusson (Creuse).

Juillet (Mme). ch. de Rosey, par Saint-Désert (Saône-et-Loire).

Jacquard (Mlle Cécile), ch. de Chassey, par Montbozon (Haute-Saône).

Janzé (Mme la V^{tesse} de), ch. du Marais, par Rennes (Ille-et-Vilaine).

Jouin (M. et Mme Ph.), 6, r. Victor-Hugo, à Rennes (Ille-et-Vilaine).

Joncquières (Mme), à Corneilla-del-Vervol, par Elne (Pyrénées-Orientales).

Jaupitre (Mme), ch. de Brenellerie, par Rogny (Yonne).

Jourdier, ch. de la Charnée, par le Veurdre (Allier).

Juet (l'abbé), curé de Saint-Maurice, à Chinon (Indre-et-Loire).

Juilly (Maurice de), 28, av. du Trocadéro, à Paris.

Joantho (Mme de), ch. de Joantho, par Saint-Palais (Basses-Pyrénées).

Jollet (Prosper), à La Mothe-Saint-Héray (Deux-Sèvres).

Jabrun (Mme Raoul de), ch. de Lignon, par Marvéjols (Lozère).

Jourdan-Gallon, pl. de l'Hôtel-de-Ville, à Vallauris (Alpes-Maritimes).

Joltrain, 28, bd des Italiens, à Paris.

Joussaume (Mlle Marthe), à Cognac (Charente).

Kœnigssegg (le Général Cte de), à Poitiers (Vienne).

Kainlis (M. le B^on et Mme la B^ue de), ch. de Piolant, par Dangé (Vienne).

Kermenguy (Mme la V^tesse de), ch. de Kermenguy, par Cleder (Finistère).

Kiss de Nemesker (Mme la C^esse de), ch. de Saint-Ange, par Moret (Seine-et-Marne).

Kerdrel (Mme la V^tesse de), à Verdun.

Keller Dorian (Georges), 19, r. Saint-Eusèbe (Lyon).

Lesourd (Paul), 34, r. Néricault-Destouches, Tours (Indre-et-Loire).

Lesourd (Charles), 33, r. Néricault-Destouches, Tours (Indre-et-Loire).

Lesourd (Paul), avocat, 34, r. Néricault-Destouches, Tours (Indre-et-Loire).

Lesourd (Max), 52, r. Victor-Hugo, Tours (Indre-et-Loire).

Lepic (Mme la V^tesse), ch. d'Aiguebelle, par le Lude (Sarthe).

Luynes (Mme la D^esse de), 76, avenue des Champs-Ely-sées, Paris.

Lurty (Mme), ch. de Beaulieu, par Saint-Benoit (Indre).

Large (Mme).

Luart (Mme la M^ise du), ch. du Luart, par Conneré (Sarthe).

Lecomte, à Blois (Loir-et-Cher).

La Vesvre (Mme de), 8, r. de l'Archevêché, Tours (Indre-et-Loire).

Lefebvre (Mme Ernest), ch. de la Cloutière, par Loches (Indre-et-Loire).

Ladubron.

Lussac (Mme la M^{ise} de), ch. de Comacre, par Sainte-Maure (Indre-et-Loire).

Lauradour-Ponteil (Mme), ch. de la Berthollière, par La Trimouille (Vienne).

Lynen, 6, r. Scalquin, Bruxelles (Belgique).

Lancelot (Mlle Céline), à Écueillé (Indre).

Lesourd, pharmacien, place d'Aumont, Tours (Indre-et-Loire).

Loiseau, 76, r. Nationale, Tours (Indre-et-Loire).

Lefebvre (Mme), 43, rue de Buffon, Tours (Indre-et-Loire).

Lejouteux, à Bourgueil (Indre-et-Loire).

Lyons (Mlle), à Joué-les-Tours (Indre-et-Loire).

Lecointre (le Cte), ch. de Grandmont, près Tours (Indre-et-Loire).

Lecointre (M. le Cte et Mme la Ctesse Louis), 16, r. du Petit-Bonneveau, à Poitiers (Vienne).

Lecointre (Mme la Ctesse), ch. de Grillemont, par Ligueil (Indre-et-Loire).

Lecointre (Cte Arsène), ch. d'Oranville, par Persac (Vienne).

Lignelet, 19, r. de la Scellerie, Tours (Indre-et-Loire).

Lunot (Mme), 10, quai de la Poissonnerie, Tours (Indre-et-Loire).

Laurand, place de l'Archevêché, 12, Tours (Indre-et-Loire).

Lainé, 16, r. du Cygne, Tours (Indre-et-Loire).

Lajard (B^{on}), 12, quai Saint-Symphorien, Tours (Indre-et-Loire).

Lupé (Mme), 73, faubourg de Fougères, Rennes (Ille-et-Vilaine).

Laisné (Mme), à Sissonne (Aisne).

Lescot (Mme), à Fondettes (Indre-et-Loire).

Leblanc de la Martraye (Mme), ch. de Forte-Maison, par Chartres (Eure-et-Loir).

Lorgeril (Mme la Ctesse de), à Evreux (Eure).

Lostende (Mme de), 10, bd de la Cité, Limoges (Haute-Vienne).

Limairac (Mme de), ch. d'Ardus, à La Motte-Capdeville (Tarn-et-Garonne).

Loisel de Douzon (Mme), ch. de Douzon, par Chantelles (Allier).

Liégeard (Mme), ch. de Brechon, par Gevrey-Chambertin (Côte-d'Or).

Lostanges (Mme de), ch. du Sablon, par Montignac-sur-Vézère (Dordogne).

Lalande (Mme de), ch. de Pichon-Longueville-Lalande, par Pauillac (Gironde).

Lingua (Mme la B^{nne} de), ch. de Montauriol, par Villemur (Haute-Garonne).

Loisy (Mlle de), 43, r. Chabot-Charny, à Dijon (Côte-d'Or).

Lavarde (Mme de), ch. de Lavarde, par Larche (Corrèze).

Lyonne (Mme la Ctesse de), 88, r. de Varennes, Paris.

Legendre (Mme), ch. des Récollets, par Longwy-Bas (Meurthe-et-Moselle).

Lesseville (le Cte de), ch. de la Rolletière, par Le Lude (Sarthe).

Lair (Mme la C^{sse}), ch. de Blou, par Longué (Maine-et-Loire).

La Carrière (Mme), ch. d'Albias, par Gramat (Lot).

Loüan de Coursays (Mme la B^{nne} de), ch. de la Touratte, par Saint-Amand (Cher).

Lendeville (de), ch. de Lendeville, par Marolles-en-Hurepoix (Somme).

Loisy (de), château de Terrans, par Pierre (Saône-et-Loire).

Lastic-Saint-Jal (Mme la Ctesse de), ch. du Prieuré, par Poitiers (Vienne).

Lagrange (Mme de), ch. de la Courteille, par Fraimbault-sur-Pise (Mayenne).

Lagrange (Mme de), place Cheverus, à Mayenne (Mayenne).

Langlois, 55, r. de Vaugirard, Paris.

Lauriston (Mme la V^{tesse} de), 6, r. Royale, Paris.

La Croix (Mme de), ch. de Saint-Aubin, par Tournus (Saône-et-Loire).

Lesterps de Beauvais (Mme la Ctesse de), 18, r. Montalivet, Paris.

Lapanne, pharmacien, à Verdun (Meuse).

Lesson-Buisson, à Saint-Louand, par Chinon (Indre-et-Loire).

Lefavre (Mlle Yvonne), à Châteauroux (Indre).

Lefavre (Jean, Maurice et Christian), à Châteauroux (Indre).

Le Grand (Mme), castel Beau-Site, par Valençay (Indre).

Las Cases (Mis de), ch. de Peujard, par Saint-André-de-Cubzac (Gironde).

Lamarche (Mme la Ctesse de), ch. de La Gaîté, par Chambon (Creuse).

Le Myre de Villers, ch. de Bel, par Carrouges (Orne).

Laborde (de).

Leconte.

Lesparda (Mlle de), 6, r. Porte-Clos-Haut, Blois (Loir-et-Cher).

Langlois, à Blois (Loir-et-Cher).

Laffitte (Mlles Marguerite et Jeanne), à Angers (Maine-et-Loire).

Lachise (Mme), à Angers (Maine-et-Loire).

Letort (Mme X.), 60, r. de la Madeleine, Angers (Maine-et-Loire).

Lucas (Mme), à Châteauroux (Indre).

Leusse (Mme la Ctesse de).

Lusson (M. et Mme de), ch. des Ardiers, par Le Mans (Sarthe).

Lambert (Mme).

Lamberterie (Bon Paul de), ch. de la Tourbe, par l'Isle-Jourdain (Vienne).

Lefebvre de Viefville (Mme), à la Chaussée-St-Victor, par Blois (Loir-et-Cher).

Lastié (Mlle de), à Poitiers (Vienne).

Lafaire (M. le Cte et Mme la Ctesse de), 15, r. du Souci, Poitiers (Vienne).

Lohitolle (Mme de), ch. de Treillé, par Saint-Julien-l'Ars (Vienne).

Leblond, ch. des Pins, par Céré (Indre-et-Loire).

Lemesle (A.), ch. de Planchoury, par Langeais (Indre-et-Loire).

Lucinge (Mme la P^{esse} de), ch. de Mondragon, par Tuffé (Sarthe).

Longuerue (Mme la B^{one} de), ch. de Bagneux, par Saint-Christophe-en-Bazelle (Indre).

Lavau (de).

Lauverjat (Mme de), à Tours (Indre-et-Loire).

Laurencel, ch. de Grandmont, par Lourdoueix-Saint-Michel (Indre).

Lattre de Tassigny (Gaston de), ch. de la Touche, par Saint-Julien-l'Ars (Vienne).

Laurence (Mme Arthur), ch. de Launay, par Saint-Gervais-les-Trois-Clochers (Vienne).

Liron d'Ayrolles (de), ch. du Pin, par Le Blanc (Indre).

Lichy (Cte de), ch. du Chaume, par Jaulnay (Vienne).

La Selle (Mme la Ctesse de), ch. d'Échuilly, par Doué-la-Fontaine (Maine-et-Loire).

Laroche (Mme de), ch. de la Roche, par Montrevault (Maine-et-Loire).

Lestang (B^{on} de), ch. de Boivre, par Poitiers (Vienne).

Linières (Mme de), 23, r. du Tacher, Le Mans (Sarthe).

Layre (Mme la B^{nne}), ch. de Beaumont, par Beaumont-les-Autels (Eure-et-Loire).

Loiseau d'Entraigues (Mme), ch. de la Moustière, par Valençay (Indre).

Lacotardière (Édouard de), 6, r. Saint-Évroult, Angers (Maine-et-Loire).

Leroux, r. Beaurepaire, à Saumur (Maine-et-Loire).

Lamote-Baracé (Cte de), ch. de la Graffinière, par Cuon (Maine-et-Loire).

Lucinge-Faucigny (P^{ce} de), ch. de Chardonneux, par Écommoy (Sarthe).

Lamartine (Mme de), 2, r. Haut-Bourg, Blois (Loir-et-Cher).

Levavasseur (B^{on} de), ch. du Grand-Lucé (Sarthe).

Lagaye (Gualbert), ch. de Toutoulon, par Bazas (Gironde).

Lambert-Champy (Maurice), ch. du Guérinet, par Molineuf (Loir-et-Cher).

Larminat (B^{on} de), à Bayeux (Calvados).

Lescot, ch. du Logis, par Fossé (Loir-et-Cher).

Labiche (Mme), à Paris.

Lafabrie (Mme), château de Gagnepain, par Aire-sur-l'Adour (Landes).

Lorgnier (Mme), ch. des Tilleuls, par Boulogne-sur-Mer (Pas-de-Calais).

Lentilhac (Mme la M^{ise} de), 118, r. du Bac, Paris.

Lebas de Lacour, 40, r. des Hautes-Treilles, Poitiers
(Vienne).

Levain (Mme), à Bernay (Eure).

Lhumeau (Mlle J.).

Le Boisseau d'Aully (Mme).

La Sorive (Mme).

Lerhy, 10, r. du Pont-Neuf, Poitiers (Vienne).

Lingua de Saint-Blanquat (M. le B^on de), ch. de Capens,
par Noé (Haute-Garonne).

Lassuchette (Mme V. de), à Poissy (Seine-et-Oise).

Larque (de), à Ribennes, par Saint-Amans (Lozère).

Lefèvre-Pontalis (Germ.), 52, boulevard Malesherbes, à
Paris.

Lacroix (Lucien), 15, r. d'Iéna, à Angoulême (Charente).

Laugardière (Mme Max de), à Bengy-sur-Craon (Cher).

Letumier (Paul), 26, r. Sainte-Anne, Orléans (Loiret).

Leborgne-Arvet (Mme), à Pont-de-Bens (Isère).

Ligondés (Mlle du), à Argenton-sur-Creuse (Indre).

Labiche (Mme André), à La Motte-Beuvron (Loir-et-
Cher).

Lafresnaye (Mme de), à Vallon-en-Sully (Allier).

Le Febvre (M. le B^on), 8, r. Lamennais, à Moulins (Allier).

Lecler-Maisonrouge, ch. de Rélibert, par Evaux (Creuse).

Luminais (Mme), Le Blanc (Indre).

Laroullière (Mme la B^onne de), ch. de Vertrien, par La
Balme (Isère).

Leudevilles (de), ch. de Villotte, par Verrey (Côte-d'Or).

Lahondès (de), ch. de Riveneuve, par Pamiers (Ariège).

Lédinghen de Plantavit (Mme de), ch. de la Beaume,
par Roujan (Hérault).

Luart (M. le Cte Robert du), 11, r. de Varenne, à Paris.

Le Gentil, ch. de Saint-Michel, par Arras (Pas-de-Calais).

7

Lévrier (Mme Vve), La Martinière, par Rom (Deux-Sèvres).

Le Fèvre (Mme Albert), ch. de Villeneuve-Bézeril, par Samatan (Gers).

Lacroix (Mme), à Bois-d'Aumont (Jura).

Lévis-Mirepoix (Mme la Ctesse de), ch. de Montigny, par Cloyes (Eure-et-Loir).

Lafaulotte (de), ch. de Chaligny, par Château-Chinon (Nièvre).

Lambert (Mme de), ch. de Craon, par Maure (Ille-et-Vilaine).

Letailleur (Mme Paul), à Harcourt (Eure).

Lorge, ch. de l'Isle-Vert, par Chouzy (Loir-et-Cher).

Leroy (Louis), 74, r. de Paris, à Angers (Maine-et-Loire).

Langlois, 55, r. de Vaugirard, à Paris.

Laverny (M. et Mme), à Alger.

Lafon, à Villers-le-Temple, par Voray-sur-l'Oignon (Haute-Saône).

Le Perret (Mme V^re), à Collonges-au-Mont-d'Or (Rhône).

La Rochefoucauld (M. le Cte P. de), 28, rue Saint-Dominique, à Paris.

Legris (Charles), r. Charles-III, à Nancy (Meurthe-et-Moselle).

Lacau-Barraqué, pharmacien, à Habas (Landes).

Laitre (M. le Vte de), château de Turly, par Bourges (Cher).

Lehautcolin (Mme), à Saint-Maurice-sous-les-Côtes (Meuse).

Leusse (M. le Vte de), ch. d'Anet (Eure-et-Loir).

Laporterie, ch. de Roquecourbe, par Moux (Aude).

Lingua de Saint-Blanquat (Mme Gabriel de), à La Bastide-Beauvoir (Haute-Garonne).

Limiers (Mme la M^ise de), à Vitry-le-François (Marne).

Lejard (l'abbé), au Petit Séminaire de Séez (Orne).

Lehen (Joseph de), à la Garette, par Plouer (Côtes-du-Nord).

Lalot (Auguste), 152, bd Pereire, à Paris.

Letourneau (l'abbé), curé d'Arquenay, par Laval (Mayenne).

Lavrard (Mlle), à Lerné (Indre-et-Loire).

Lihus (Mme Ernest-Ch. de), à Decize (Nièvre).

Lévy-Weiller, 12, r. Notre-Dame, à Nancy (Meurthe-et-Moselle).

Le Père (Jacques), garde général des forêts, à Fougères (Ille-et-Vilaine).

Lingois, 12, quai de la Bourse, à Rouen (Seine-Inférieure).

Ludet (Mme Henry), à Sedan (Ardennes).

Leysz (Mme), à Cayeux-sur-Mer (Somme).

Lapparent (Albert de), 3, r. de Tilsitt, à Paris.

Lengaigne (Maurice), 39, r. de Berlin, à Saint-Omer (Pas-de-Calais).

Le Joindre (Mme), 6, r. d'Alliance, à Nancy (Meurthe-et-Moselle).

Lignereux, avocat, 10, r. Sainte-Anne, à Paris.

Ladret (Charles), à Agen (Lot-et-Garonne).

Lautier (Mme V^re), à Grasse (Alpes-Maritimes).

Le Cesne (Mme Charles), ch. de Bessy, par Crécy-en-Brie (Seine-et-Marne).

La Calle (Mme de), 4, r. Frédéric-Bastiat, à Paris.

La Garde (Mme la M^ise de), à Paris.

Le Motheux du Plessis, ch. de Courgeon, par Sceaux-sur-Huisne (Sarthe).

La Ferronays (M. le Mis de), cours la Reine, 34, à Paris.

Luce (fils), à Grasse (Alpes-Maritimes).

Lafitte (Gustave), Le Mans (Sarthe).

Letubertin, à Vidalon, par Annonay (Ardèche).

Loir-Mongazon, pl. de la Paix, 10, Angers (Maine-et-Loire).

Longeville (Mme de).

Le Mouël, ch. de Sault-Chevreuil, par Villedieu-les-Poëles (Manche).

Lapersonne (L. de), Berck-sur-Mer (Pas-de-Calais).

Lemercier (M. le Cte), député, ch. Le Ramet, près Saintes (Charente-Inférieure).

Meignan (Son Éminence le Cardinal), archevêque de Tours.

Mame (Paul), 3, r. de Clocheville, Tours (Indre-et-Loire).

Mame (Edmond), 42, r. Marceau, Tours (Indre-et-Loire).

Mame (Alfred), Tours (Indre-et-Loire).

Muller (Mme Alexandre), ch. de Reignac (Indre-et-Loire).

Muller (M. et Mme Edouard), ch. de Reignac (Indre-et-Loire).

Marsilly (de), 11, r. de la Bourde, Tours (Indre-et-Loire).

Manceau (Mme), r. de la Poterie, Loches (Indre-et-Loire).

Mazereau, 26, r. de la Préfecture, Tours (Indre-et-Loire).

Mérigot, 20, r. de la Préfecture, Tours (Indre-et-Loire).

Mary-Bouyer, 6, quai de la Poissonnerie, Tours (Indre-et-Loire).

Mourruau (D^r), à Preuilly (Indre et-Loire).

Magaud (Mme), 67, r. Marceau, Tours (Indre-et-Loire).

Marsay (de), ch. de Madon, par Blois (Loir-et-Cher).

Malorey, pharmacien, à Tours (Indre-et-Loire).

Ménier (D^r), 68, r. Marceau, Tours (Indre-et-Loire).

Mascarel, juge, à Angers (Maine-et-Loire).

Mazeau (M. et Mme Paul), 3, r. Chaptal, Tours (Indre-et-Loire).

Marjolin (D^r), membre de l'Académie de médecine, Paris.

Montaru.

Mauconduit (Mme), à Harcouët (Eure).

Monceaux (Mme du), à Orléans (Loiret).

Montiquets (Mlle de), ch. de Mongommery, par Sartilly (Manche).

Mathieu (Mme), ch. de Champeaux, par Magny (Nièvre).

Méhérenc (Cte A.), à Paimpol (Côtes-du-Nord).

Saint-Marsault (Cte de), ch. du Raullet, par La Jarrie (Charente-Inférieure).

Mothe (Mme), villa Beaulieu, par Cambo (Basses-Pyrénées).

Montpansin (Mme de), ch. de Guénégauds, par Saint-Pourçain (Allier).

Moyret (Mme), à Bourg (Ain).

Maumigny (Mme de), ch. de Vaubry, par Nantiat (Haute-Vienne).

Montlivault (Mme la Ctesse de), ch. de Montlivault, par Saint-Dyé (Loir-et-Cher).

Musset (Mme la M^{ise} de), ch. de la Croix, par Saint-Calais (Sarthe).

Maire du Poset, r. de la Vieille-Monnaie, Besançon (Doubs).

Montardy (Mme de), ch. de la Boixe, par Mansle (Charente).

Maugis (l'abbé), 2, r. des Ursulines, à Tours (Indre-et-Loire).

Mareuil (Cte de), ch. d'Ay, par Ay (Marne).

Mettrie (Mme la Ctesse de la), 7, pl. du Palais, Rennes (Ille-et-Vilaine).

Marcellus (Mme la Ctesse de), ch. de Marendat, par Montbron (Charente).

Marcellus (M^mo la Ctesse de), ch. de Marcellus, par Couthures (Lot-et-Garonne).

Menthon (Mme de), ch. de Rubeaud, par Chamoux (Savoie).

Montagnan (Mme de), villa Pradas, à Bordères, par Tarbes (Hautes-Pyrénées).

Montaigne (de), château de Beauregard, par Arthon (Indre).

Mascureau (Mme la Ctesse de), ch. des Bonnetières, par Vivonne (Vienne).

Morel (Mme).

Marteau (Mme), ch. de la Pâquerie, par Saint-Gervais-les-Trois-Clochers (Vienne).

Montmarcy (Mme de).

Mayaud, ch. du Lys, par le Puy-Notre-Dame (Maine-et-Loire).

Mathieu, ch. de Princé, par Champigné (Maine-et-Loire).

Millet (Paul), ch. de la Dallerie, par Lathus (Vienne).

Monticourt (B^ron et Mme la B^nne de), ch. de Juigné, par La Membrolle (Maine-et-Loire).

Monjalon, 11, quai Saint-Symphorien, Tours (Indre-et-Loire).

Marolles (Cte de), à Nazelles (Indre-et-Loire).

Meslay (Mme), ch. de la Barillerie, par Le Lion-d'Angers (Maine-et-Loire).

Mermillod (Mme), à Châtellerault (Vienne).

Malartic (Mme la Ctesse de), 18, pl. Saint-Pierre, Poitiers (Vienne).

Montesquiou (Cte de), ch. de Purnon, par Monts-sur-Guesnes (Vienne).

Mautron (Mme), ch. des Aubris, par Châteauroux (Indre).

Marselière (de la).

Morinière, à Angers (Maine-et-Loire).

Motte (de la).

Morinière (Cte de la), ch. de la Poize, par Beaupréau (Maine-et-Loire).

Marcilly (Mme), ch. de la Pionnière, par Courdemanche (Sarthe).

Montreuil (Mme la Ctesse de), ch. de la Masselière, par Bazouges (Sarthe).

Montesquiou (Mme la M^{ise} douairière de), château des Hayes, par Beaufort-en-Vallée (Maine-et-Loire).

Marry, à Bazouges-sur-Loir (Sarthe).

Mascarel (Mme Jules), à Châtellerault (Vienne).

Mondion (Cte de), château d'Artigny, par Loudun (Vienne).

Mallérie (Mme de la), ch. de Kerlagatu, par Quimper (Finistère).

Malterre (Mis de), ch. de Chantepie, par Couterne (Orne).

Montgrenier (de), à Montmorillon (Vienne).

Murard (Cte de), ch. de la Roche-de-Braud, par Poitiers (Vienne).

Maillé (M. le Cte et Mme la Ctesse de), ch. de la Jumellière (Maine-et-Loire).

Maillé (Mme la M^{ise} de) ch. de Grange-Marie, par Longué (Maine-et-Loire).

Morillon (Mme), ch. de Verneuil (Indre-et-Loire).

Marsay (Mme la Ctesse de), ch. du Liget, par Montrésor (Indre-et-Loire).

Mailly (de), ch. de la Brosse (Sarthe.)

Marcé (Mme la Ctesse de), ch. de Vaumenage, par Chinon (Indre-et-Loire).

Mirault (Mme), à Ouzouer-le-Marché (Loir-et-Cher).

Martin-Moreau (Mme).

Mabortie (Mme de).

Montgon (Mme la M^ise de), ch. de Montagne, par Crevant (Puy-de-Dôme).

Montessuy (Mme la C^esse de), ch. de la Vallière, par Reugny (Indre-et-Loire).

Monneraye (Mme la V^tesse de la), ch. de Coët-Caret, par Herbignac (Loire-Inférieure).

Moyret (Mme Charles), à Bourg (Ain).

Mongin (Mme P.), à Gray (Haute-Saône).

Magnes, à Toulouse (Haute-Garonne).

Mirault, à Auzouer (Indre-et-Loire).

Mertiaud, 26, r. du Sergent-Bobillot, Tours (Indre-et-Loire.

Magaud-Viot (Mme), 27, r. de Clocheville, Tours (Indre-et-Loire).

Mazeron (Mme H.), place des Capucines, à Montluçon (Allier).

Motte (Mme de la), ch. de la Pataudière, par Champigny (Indre-et-Loire).

Margerin du Metz (Mme), à Marcy, par Homblières (Aisne).

Meissonnier (E.), à Tours (Indre-et-Loire).

Marcé (Mme la Ctesse de), 13, levée du Foix, à Blois (Loir-et-Cher).

Marc (Mme de), 7, place Saint-Louis, Blois (Loir-et-Cher).

Mercier (Mme), à Angers (Maine-et-Loire).

Maisonneuve, à Angers (Maine-et-Loire).

Motz de la Salle (Mme la B^nne de), ch. du Bouchet, par Rumilly (Haute-Savoie).

Mangerel, château de Montroy, par Pionsat (Puy-de-Dôme).

Moulin (Mme), à Blois (Loir-et-Cher).

Morisson (l'abbé), 7, rue Saint-Pierre-le-Puellier Poitiers (Vienne).

Milly (Mme de).

Marit (Gaston), à Neuville (Vienne).

March..d, à Lencloître (Vienne).

Millet, à Angers (Maine-et-Loire).

Marcadier (Mme), à Tours (Indre-et-Loire).

Montpuy (Mme la Ctesse de).

Montty (de), à Lyon (Rhône).

Morin (Mme).

Millet (Mme), à Nice (Alpes-Maritimes).

Mottets (Mme la V^tesse des).

Mandat-Grancey (B^on de), 5, avenue de Friedland, à Paris.

Maillé (Mme la C^sse Marie de), 12, rue de la Chaise, Paris.

Montal (Mme de), ch. de la Rivière, par Saint-Quentin (Isère).

Mazelière (Mme la M^ise de la), 40, r. Barbet-de-Jouy, à Paris.

Martin (Félix), 18, r. d'Orléans, à Nantes (Loire-Inférieure).

Mousset (l'abbé), Sainte-Radegonde (Indre-et-Loire).

Moré (Mme Paul), à Pontoise (Seine-et-Oise).

Moissenet (M. le D^r), 9, r. Richepance, à Paris.

Mercier (Gaston), conseiller à la Cour, 12, r. de l'Est, à Poitiers (Vienne).

Maugenest, greffier, à Saint-Amand (Cher).

Minot (Mlle Marie), à Neuilly-sur-Seine (Seine).

Morel et Georget, 15, r. de la Gare, à Aubervilliers (Seine).

Ménage, greffier du Tribunal, à Chartres (Eure-et-Loir).

Montéage, notaire, à Châteaudun (Eure-et-Loir).

Mennesson (M. et Mme Louis), à Reims (Marne).

Maintenant (de), à Compiègne (Oise).

Marnot (E.), à Troyes (Aube).

Mollard, r. des Marbres, à Autun (Saône-et-Loire).

Maufregère (Ch. de la), à Tournelay, par Nueil-les-Aubiers (Deux-Sèvres).

Morin, 44, bd Barbès, à Paris.

Montcalm (M. le M^ls de), ch. d'Aveze, par Le Vigan (Gard).

Mercier (Mme), r. de la Vieille-Place, à Wattrelos (Nord).

Mony (Dr A. de), à Sarre (Allier).

Meiner (Mme Louis), au Chalet, à l'Isle-sur-le-Doubs (Doubs).

Mathan (Mme la B^onne de), 72, r. Jules-Barni, à Amiens (Somme).

Mondésir (Mme George de), ch. de Rochemont, par Valognes (Manche).

Mativon (Mme Octave), ch. de Torchefoulon, par Charenton (Cher).

Madinier (Mme), ch. de Vergnou, par Roches-de-Condrieu (Isère).

Monteynard (Mme la Ctesse de), ch. de Chabons, par La Tour-du-Pin (Isère).

Marquiset (Léon), ch. d'Apremont, par Gray (Haute-Saône).

Mathéus (Louis), 18, r. Beaujon, à Paris.

Montcabrier (Guy de), ch. de Plégades, par Puylaurens (Tarn).

Montangon (M. le Cte de), à Saint-Léger-sous-Beuvray (Saône-et-Loire).

Montesquiou (Mme la Ctesse de), ch. de Longpont, par Longpont (Aisne).

Mons (Mme Rodolphe de), ch. de Savigny, par Coutances (Manche).

Marchand, ch. des Robinières, par Scorbé-Clairvaux (Vienne).

Mollas (Mme), à La Roche-Grise, par Saint-Vincent (Loire-Inférieure). .

Malet (Mme la Ctesse de), ch. de Glanes, par Coulaures (Dordogne).

Mauger (Mme), 13, q. d'Orsay, à Paris.

Moynat (l'abbé), supérieur du Petit Séminaire du Dorat (Haute-Vienne).

Magnin, château de Sainte-Anne, par Courtenay (Loiret).

Murard (Mme la Ctesse), ch. de Tourveon, par Collonges-sur-Saône (Rhône).

Montaignac (Vte de), ch. des Trillers, par Montluçon (Allier).

Mathieu (Mme), à Dijon (Côte-d'Or).

Mergeliza de Vera (Mme la Ctesse de), 14, r. Monsieur, à Paris.

Mara (Mme), à Vichy (Allier).

Monspey (Mme la Ctesse de), ch. de la Roche-Jullié, par Pontanevaux (Saône-et-Loire).

Marboz (Frédéric), banquier à Nantua (Ain).

Martial-Boisot, à La Teste (Gironde).

Malet (Mme la Ctesse de), ch. de Saint-Estienne, par Riom-ès-Montagne (Cantal).

Maillier (de), à Nancy (Meurthe-et-Moselle).

Mertens (Mme la B^onne Ad. de), villa Camille, av. des Fleurs, à Nice (Alpes-Maritimes).

Massacré (Mme la V^tesse de), 22, rue de Grenelle, Paris.

Mouton (Mme), à Vrigne-aux-Bois (Ardennes).

Michel (Mme), à Jouval, par Dieppe (Seine-Inférieure).

Monti de Rézé (Mme la Ctesse de).

Marolles (Mme de), ch. de Marolles, à Amillis, par Coulommiers (Seine-et-Marne).

Miquel et Cie, à Toulon (Var).

Marsay (Mme la Ctesse de), ch. de Ris, par Preuilly-sur-Claise (Indre-et-Loire).

Ménard et Cie, à Saintes (Charente-Inférieure).

Maurès de Marlartic (M. le Cte G. de), 55, r. Vanneau, à Paris.

Marthille (Mme de), à Bougie, province de Constantine (Algérie).

Malicet et fils, à Charleville (Ardennes).

Marin (Charles), à Marigny-le-Châtel (Aube).

Mortemart (Mme la Ctesse de), ch. de Meillant, par Saint-Amand (Cher).

Montaigu (Mme de), ch. de Lorières, par Le Theil-sur-Huisne (Orne).

Marcueil (Mme), 109, q. d'Orsay, à Paris.

Maynadier fils, à Saint-Sulpice (Tarn).

Martinand fils et Cie, à Jœuf (Meurthe-et-Moselle).

Maignien (Fernand), 32, r. de la Fontaine, Paris-Auteuil.

Meaux-Saint-Marc, avocat à la Cour, 14, pl. du Havre, à Paris.

Mac-Mahon (Mme la Maréchale de), 70, r. de Bellechasse, Paris.

Millet (Paul), capitaine de cavalerie, maire de Lathus (Vienne).

Michel, Clermont-Ferrand (Puy-de-Dôme).

Meachinet (Mme de), à Lajallet, par Saint-Jean-d'Angély (Charente-Inférieure).

Menou (Mlle de), ch. de la Chapelle, par Guigneu (Ille-et-Vilaine).

Michel, ch. de Touvent, par Fontenay (Loiret).

Montaigu (Mme de), Lezoux (Puy-de-Dôme).

Nadaillac (Mme la M^{ise} de), ch. de Lalande (Vienne).

Nadaillac (Mme la Ctesse de), ch. de Lalande, par Aigurande (Indre).

Noury, ch. de la Coisière, par Château-du-Loir (Sarthe).

Nigault (P.), 19, r. de la Monnaie, Tours (Indre-et-L.).

Naudeau, pharmacien, av. de Grammont, Tours (Indre-et-Loire).

Nabon.

Nogaret (B^{on} de), 35, r. du Rocher, Paris.

Noël (Mme), à Caen (Calvados).

Noinville (Mme la Ctesse de), ch. de Bienfaite, par Orbec (Calvados).

Noiron (Mme de), ch. du Puy, par Saint-Léger-du-Bois (Saône-et-Loire).

Neveu (Mme), ch. de la Touche, par Noyant (Maine-et-Loire).

Nugent (Mme la Ctesse Pierre de), 101, r. du Bac, Paris.

Nottret (l'abbé), aumônier des Augustines, à Versailles (Seine-et-Oise).

Noirfontaine (M. le B^{on} et Mme la B^{nne} Viot de), 6, r. Halévy, Paris.

Nedde (Mme la M^lse de), ch. de Ladapeyre, par Ladapeyre (Creuse).

Noblet, à Orléans (Loiret).

Niepceron, notaire, à Sainte-Suzanne (Mayenne).

Nerson (Henry), à Valréas (Vaucluse).

Nolivos (Mme la M^lse de), 21, r. du Lycée, à Pau (Basses-Pyrénées).

Nétumières (Mme la C^sse Élie des), ch. de la Montagne, à Visseiche, par La Guerche (Ille-et-Vilaine).

Noguès (Mme), à Aureilhan, par Tarbes (Hautes-Pyrénées).

Nauroy (Mme Gabriel de), 5, r. Médicis, à Paris.

Nollin (l'abbé), chanoine, à Orléans (Loiret).

Nolleval (Mme), 9, r. de l'Échelle, à Paris.

Ninous (Mme Maria), à Fontenay-le-Comte (Vendée).

Ninous, commandant au 137e Régiment d'Infanterie, à Fontenay-le-Comte (Vendée).

Oberlin (Mme la B^ne d'), 16, rue Victor-Hugo, Tours (Indre-et-Loire).

Ogier d'Ivry (Mlle), 10, rue des Maux, Le Mans (Sarthe).

Onfroy de Bréville, ch. de la Cloutière, par Loches (Indre-et-Loire).

Oyron (Mme la M^lse d'), ch. de Paulmy, par Ligueil (Indre-et-Loire).

Ogier d'Ivry, ch. du Chaine-de-Cœur, par Le Mans (Sarthe).

Orsel de Vilmorin (Mme), ch. de Bédonère, par Rouziers (Indre-et-Loire).

Oudin, à Poitiers (Vienne).

Onsembray (Mme la V^tesse d'), ch. du Plessis-Bourré, par Tiercé (Maine-et-Loire).

Oger, à Mont-Rouge, par Laon (Aisne).

Ohnet (Georges), 14, av. Trudaine, à Paris.

Paris (Mme la Ctesse de).

Popet, ch. d'Ars, par La Châtre (Indre).

Pénigault (Mme).

Partz de Pressy (Cte de), Paris.

Pierron (Mme), ch. du Pavillon, par Dissay-sous-Courcillon (Sarthe).

Préban (Mme), château de Mézeray, par Vimoutiers (Orne).

Proust (Mme V^re J.), ch. des Vallées, par Onzain (Loir-et-Cher).

Poirier (Mme), ch. de la Richardière, par Richelieu (Indre-et-Loire).

Patrigeon, ch. du Prieuré-de-Juilly, par Vatan (Indre).

Poureau.

Porcher (M. et Mme Achille), ch. du Mesnil, par Dhuizon (Loir-et-Cher).

Petit-Thouars (Cte du), maire de Saint-Germain (Vienne).

Pecautin (Mme V^re).

Petit (Ernest), ch. de la Cocherie, par Cellettes (Loir-et-Cher).

Plessis (du), à Bouer (Sarthe).

Perron (Mme), ch. de Malicorne (Sarthe).

Pavie, à Angers (Maine-et-Loire).

Perraudière (de la), ch. de la Perraudière, par Jarzé (Maine-et-Loire).

Puyvallée de Benzy (Mme de).

Prin (Mme de), château de Rochemaux, par Charroux (Vienne).

Piolant (Mme la Ctesse de), ch. de Pineau, par Thouarcé (Maine-et-Loire).

Petit (Mme), ch. du Plessis, par Buzançais (Indre).

Passajon (Mme), à la Chutte, par Châteauroux (Indre).

Picard, 59, r. de l'Alma, à Tours (Indre-et-Loire).

Piédor, 12, pl. Saint-Venant, Tours (Indre-et-Loire).

Petit, 1, bd de l'Est, à Blois (Loir-et-Cher).

Percevault (Mme), à Joué-lès-Tours (Indre-et-Loire).

Perthuis (M. et Mme de), 127, r. Colbert, Tours (Indre-et-Loire).

Perthuis (Mlles de), 127, r. Colbert, Tours (Indre-et-Loire).

Portes (Mme des), à Bellegarde (Creuse).

Prou (Mme), 73 *bis*, r. des Halles, Tours (Indre-et-Loire).

Part (Mme du), à Nevers (Nièvre).

Pannetier (Mme Le), 49, bd Sévigné, Rennes (Ille-et-Vilaine).

Prudhomme, à Perpignan (Pyrénées-Orientales).

Prieur (Mme), à Lorient (Morbihan).

Pélacot (abbé), vicaire général, Le Puy (Haute-Loire).

Portalon (Mme de), ch. de Cautaussels, par Servian (Hérault).

Pavie (Mme), ch. d'Auroir, par Villers-Saint-Christophe (Somme).

Parc (Mme la Ctesse du), 17, r. de l'Université, Paris.

Pazzis (Mme la Ctesse Renée de), ch. de la Charnaye (Cher), par La Charité-sur-Loire (Nièvre).

Pinot (Mme), ch. de Ternant, par Fours (Nièvre).

Peyrusson (Mlle Thérèse), ch. du Mas-Rouveix, par Saint-Léonard (Haute-Vienne).

Pomey (Mme de).

Poterie (Mme la V^{esse} de la), ch. du Repaire, par Roche-chouart (Haute-Vienne).

Peltereau (Mme), ch. de Donjeux, par Donjeux (Haute-Marne).

Poncet-Bernard, 3, pl. Victoire, à Tours (Indre-et-Loire).

Passet (Mme), à Fruges (Pas-de-Calais).

Picot (Léon), à Loches (Indre-et-Loire).

Palustre (Mme E.), à Saint-Symphorien, près Tours (Indre-et-Loire).

Picard, Paris.

Pichard (Mme), Bléré (Indre-et-Loire).

Pargon, pharmacien, à Bruyères (Vosges).

Puységur (Mme de).

Préteseille (Mme), à la Tranchée, c^{ne} de Saint-Symphorien (Indre-et-Loire).

Polignac (Mme la Ctesse de), ch. de la Source, par Olivet (Loiret).

Pavot, à Loches (Indre-et-Loire).

Presle (Mme de).

Pénigault (Mme).

Pinot.

Perceveau (Mme).

Perceval (Mlle).

Potevin (E.), à Saint-Symphorien, près Tours (Indre-et-Loire).

Place (Mme René de), à Brezolles (Eure-et-Loir).

Pestel (Mme A.), à Jouy-en-Josas (Seine-et-Oise).

Pillet (D^r), 33, r. de Rivoli, Paris.

Pène (Mme de), 190, bd Haussmann, Paris.

Picot (M. et Mme Charles), 173, rue de Courcelles, Paris.

Péroux (Mme), à Episy, par Moret (Seine-et-Marne).

Pécoul (Mme), ch. de Villiers, par Draveil (Seine-et-Oise).

Perthuis, greffier du Tribunal, à Bressuire (Deux-Sèvres).

Piola (Mme Albert), ch. de Meynard, par Libourne (Gironde).

Picot (Mme Amédée), à Riom (Puy-de-Dôme).

Paillat (Mme Eugène), 22, r. de la Bretonnerie, Orléans (Loiret).

Paillier (Mme), à Jonzac (Charente-Inférieure).

Plessix (Mme du), ch. du Buron, par Oudon (Loire-Inférieure).

Prévault (l'abbé), curé de Saint-Flovier (Indre-et-Loire).

Passillé (Mme de), ch. de Passillé, par Fougères (Ille-et-Vilaine).

Perier de Larsan (Mme du), 144, r. de Rennes, à Paris.

Plessis (Mme du).

Phélippes-Beaulieux (Mme), ch. des Croix, par Sautron (Loire-Inférieure).

Proyart (Mme Ernest), ch. de Morchies, par Bertincourt (Pas-de-Calais).

Ponsar (Mme Adolphe), ch. de Maulaix, par La Nocle (Nièvre).

Parron (Mme la V^{tesse} de), ch. de Bouzols, par Le Puy (Haute-Loire).

Piault (Mme Jules), à Usseau, par Châtellerault (Vienne).

Preinesge de Saint-Priest, ch. de Saint-Sulpice, par Dun-le-Palleteau (Creuse).

Pacaud (M. et Mme Gaston), 17, r. des Capucins, à Poitiers (Vienne).

Passy (Mme Louis), 45, r. de Clichy, à Paris.

Prin (l'abbé), curé de Montbert (Loire-Inférieure).

Parseval (Mme Charles de), 66, r. de Ponthieu, à Paris.

Pelletier-Desbouchard (Mme), à Saint-Léger-Magnazeix (Haute-Vienne).

Président (le) du Conseil de la fabrique de Saint-Gervais, à Avranches (Manche).

Polonceau (Ernest), ingénieur, 2, r. de Villersexel, à Paris.

Partz (M. le Cte de), 63, r. Pierre-Charron, à Paris.

Potet (R. du), ch. de Fays, par Joinville (Haute-Marne).

Péfaure (l'abbé J.-M.), curé-doyen de la basilique Notre-Dame-la-Daurade, à Toulouse (Haute-Garonne).

Providence (les Religieuses de la), à Ruillé-sur-Loir, près Poncé (Sarthe).

Parent du Châtelet (Mme), 26, r. de l'Université, à Paris.

Petit-Sénéchal, 33, r. Saint-Jacques, à Paris.

Pervinquières, à Chartres (Eure-et-Loir).

Préaudeau, 48, r. du Four, à Paris.

Pupier, ch. de Grammont, par Ceyzerieu (Ain).

Périchons (B^nne des), ch. des Périchons, par Feurs, (Loire).

Pellier frères, Le Mans (Sarthe).

Quinçey (le Cte), 6, rue d'Alsace, Saumur (Maine-et-Loire).

Quatrebarbes (Mme la Ctesse de).

Quesnel (Mme).

Quinsonas (le Cte Humbert de), ch. de Chanay, par Seyssel (Ain).

Quesnoy (Mme la B^onne du), 13, q. d'Orsay, à Paris.

Quisard (Mme), à Gathier, par Grandris (Rhône).

Reignier, ch. de Johannisberg, par Lussac-les-Châteaux (Vienne).

Russé (Mme de), 15, r. de la Celle, Poitiers (Vienne).

Roodenbeke (le B^on de), ch. des Bordes, par Chouzy (Loir-et-Cher).

Romain ·Mme la B^nne de), ch. des Places, par Château-Gonthier (Mayenne).

Rochetulon (le colonel Cte de La), ch. de Perassay, par Sainte-Sevère (Indre).

Rouilhac (J.).

Rozon (Mme).

Robineau (Mme la Ctesse de), ch. de Vallières, par Candé (Maine-et-Loire).

Robin, notaire, à Richelieu (Indre-et-Loire).

Rollet, avocat à la Cour d'Appel, r Herschell, 6, Paris.

Robin (Dr Albert), membre de l'Académie de médecine, 4, r. de Saint-Pétersbourg, Paris.

Renaut (D^r), professeur à la Faculté de médecine de Lyon (Rhône).

Richet, 39, r. des Halles, Tours (Indre-et-Loire).

Ressy (de), 27, r. Jehan-Foucquet, Tours (Indre-et-Loire).

Roux (le D^r), à Chinon (Indre-et-Loire).

Rocheron (Henri), 13, r. de la Grandière, Tours (Indre-et-Loire).

Rousseau, à Tours.

Rouxel (Léon), 12, r. Banchereau, Tours (Indre-et-Loire).

Riant (Ferdinand), ch. de la Salle, par Cosnes-sur-l'Œil (Allier).

Roux, au Porteau, par Cinq-Mars-la-Pile (Indre-et-Loire).

Robert.

Rochard.

Restaurant Charpentier, à Tours (collecte).

Rondonde (de), à Chouzy (Loir-et-Cher).

Rigaud (J.), ch. de la Motte, à Sonzay (Indre-et-Loire).

Renou (Sa Grandeur Mᵍʳ), évèque d'Amiens (Somme).

Remeuf (de), ch. des Tours, par Mortagne (Gironde).

Réneville (Mᵐᵉ la Cᵗᵉˢˢᵉ de), r. du Sault, 1, à Grenoble (Isère).

Rivoire (Mᵐᵉ de), ch. de Rivoire, par Bourg (Ain).

Reyjal (Mᵐᵉ de), ch. de Turenne, par Turenne (Corrèze).

Rancourt (Mᵐᵉ de), ch. de Mimérand, par Châtillon-sur-Loire (Loiret).

Rotschild (Mᵐᵉ la Bⁿⁿᵉ de), Paris.

Roche (Mˡˡᵉ de), ch. de Génolhac, par Génolhac (Gard).

Roche des Breux (Cᵗᵉ de), ch. de Beaux, par Retournac (Haute-Loire).

Rochetaillée (Mᵐᵉ de), ch. d'Echenoz, par Vesoul (Haute-Saône).

Riberolles (de), ch. de Chassagne, par Thiers (Puy-de-Dôme).

Riant (Didier), ch. de la Salle, par Cosnes-sur-l'Œil (Allier).

Roche (Mᵐᵉ la Mˡˢᵉ de la), ch. de la Lande, par Saulzais (Cher).

Rey (H.), ch. de Bessière, par Cucuron (Vaucluse).

Rothiacob (le Bᵒⁿ de), hôtel Bourgtheroulde, Rouen (Seine-Inférieure).

Rigaud, à Paris.

Rozan (Mᵐᵉ la Cᵗᵉˢˢᵉ de), à Mosnes (Indre-et-Loire).

Rousselet.

Raffin, pharmacien, à Bride-les-Bains (Savoie).

Religieuses (les) de la communauté de l'Oratoire, à Angers (Maine-et-Loire).

Reignaud (Paul), ch. de Champouret, par Dompierre (Allier).

Reuilly (Mᵐᵉ de), 77, r. de Rome, à Paris.

Renou, à Vendôme (Loir-et-Cher).

Roncière (Mme de la), ch. de Cracouville, par Évreux (Eure).

Rüe (Mme de la).

Rodriguez, ch. de Sancourt, par Cambrai (Nord).

Ropartz, ch. de Lanloup, par Plouha (Côtes-du-Nord).

Reynes, ch. d'Octon, par Lodève (Hérault).

Remondet (Mme), à Poitiers (Vienne).

Rousseau (Mlle J.), à Bléré (Indre-et-Loire).

Richard (Mme), à Vendôme (Loir-et-Cher).

Regnier.

Rafé.

Rougé (de), à Guyencourt, par Étaples (Pas-de-Calais).

Robin-Massé, avocat, à Saint-Amand (Cher).

Ribes (Mlle), à Saint-Laurent-de-Cerdans (Pyrénées-Orientales).

Rabourdin-Moricet (M. et Mme), 2, q. Port-Alleaume, à Orléans (Loiret).

Revoul (Xavier), à Valréas (Vaucluse).

Rabelleau (M. et Mme Abel), à Orléans (Loiret).

Rougier (Émile), 14, av. de Royat, à Clermont-Ferrand (Puy-de-Dôme).

Robert, avocat, à Moulins (Allier).

Raux (Mme V^{re}), à Doullens (Somme).

Robin, 9, bd Rocheplatte, à Orléans (Loiret).

Roper, à Neufchâtel-en-Bray (Seine-Inférieure).

Rancy (Mme la Ctesse de), ch. de Stors, par l'Isle-Adam (Seine-et-Oise).

Rigaud (M. et Mme J.), ch. de la Motte, par Sonzay (Indre-et-Loire).

Resséjac, à Cozères-sur-Garonne (Haute-Garonne).

Rochechouart (Mme la Ctesse de), ch. de Vallery, par Vallery (Yonne).

Raousset (Mme la V^tesse de), ch. des Prés, par Roma-
nèche (Saône-et-Loire).

Ravinel (Mme la B^onne M. de), à Lunéville (Meurthe-et-
Moselle).

Rouveure (Émile), ch. de Blachette, par Pierrelatte
(Drôme).

Rodez-Bénavent (M. le Cte de), à Montpellier (Hérault).

Rohault de Fleury, 12, r. d'Aguesseau, à Paris.

Regnauld (Mme Vve), Le Roc, par Mirambeau (Charente-
Inférieure).

Robien (Mme la Ctesse de), 15, r. de la Monnaie, à
Rennes (Ille-et-Vilaine).

Rochefort (Mme la Ctesse Frédéric de), ch. de Neuville,
par Montluçon (Allier).

Ruettard, 47, r. de la République, à Lyon (Rhône).

Raimbert (Mme Jules), ch. du Bois-Bertrand, par
Châteaudun (Eure-et-Loir).

Rattier (Mme Léon), ch. de Jeand'heures, par Robert-
Espagne (Meuse).

Raincourt (Mme), ch. du Colombier, par Bligny-sur-
Ouche (Côte-d'Or).

Royer (Mme), ch. de Quincy-le-Vicomte, par Montbard
(Côte-d'Or).

Reviers de Mauny (de), 30, r. de Verneuil, à Paris.

Roscoat (Mme la Ctesse du), ch. du Roscoat, par Plouha
(Côtes-du-Nord).

Romanil (Mme), à Rochefort-sur-Mer (Charente-Inférieure).

Rodolphe, à Nogent-sur-Seine (Aube).

Rostan (l'abbé), aumônier des Dames-Trinitaires, à
Antibes (Alpes-Maritimes).

Rey (Mme), r. Paul-Émile, à Hyères (Var).

Robillot (Mme L.), à Provins (Seine-et-Marne).

Roquemont (Mme de), à Amiens (Somme).

Rivenaz (Mme), château des Réaux, par la Guerche (Cher).

Semallé (M. le Cte et Mme la Ctesse de), 104, bd Béranger, Tours (Indre-et-Loire).

Saussey (du), ch. d'Épron, par Caen (Calvados).

Schalkwyck (colonel Bon Van), ch. de la Blancardière, par Cellettes (Loir-et-Cher).

Société des Bains de mer de Monaco.

Schaken (Mme), ch. d'Arsendria, par Saint-Viâtre (Loir-et-Cher.

Saultzener (Mme), à Paris.

Sarrazin (Mme la Ctesse de), ch. de la Boutelaye, par Lésigny (Vienne).

Savary (L.).

Smit^h d'Ergny (Mme), ch. du Mont-Félix, par Loches (Indre-et-Loire).

Suzanne, château de l'Archerie, par Cellettes (Loir-et-Cher).

Seiglière (de la).

Saint-Genis (Mme la M^ise de), ch. de la Gémerais, par Segré (Maine-et-Loire).

Sarcé (de), ch. de Sauvagère, par Chemiré-le-Gaudin (Sarthe).

Saint-Maixent (Mme la Ctesse de), ch. de Saint-Agil, par Montdoubleau (Loir-et-Cher).

Schalkwycke (Mme la B^nne Van), ch. de la Bijourie, par Cour-Cheverny (Loir-et-Cher).

Saint-Seran (Mme la Ctesse de).

Souich (du), 5, r. de Balzac, Tours (Indre-et-Loire).

Sassier, r. Giraudeau, 56, Tours (Indre-et-Loire).

Siegfried (Mme), ch. de Langeais (Indre-et-Loire).

Schoofs (D^r), 25, av. de Grammont, Tours (Indre-et-Loire).

Sazilly (Mme de), r. de la Scellerie, 68, Tours (Indre-et-Loire).

Saussay (Mme du), r. du Général-Jameron, Tours (Indre-et-Loire).

Société des Voyageurs de Commerce d'Indre-et-Loire.

Sharland, à Saint-Cyr (Indre-et-Loire).

Sicher, notaire, à Bordeaux (Gironde).

Santenac (Mme de), à Pamiers (Ariège).

Saigneau (Mlle de), Le Mas-d'Agenais (Lot-et-Garonne).

Simony (de), ch. de Rivières-les-Fosses, par Prauthoy (Haute-Marne).

Séguin (Mme F.), château de Colombier, par Annonay (Ardèche).

Simard de Pitray (Mme la V^tesse de), ch. de Pitray, par Castillon-sur-Dordogne (Gironde).

Secrep, à Saint-Lô (Manche).

Sedaiges (Mme la Ctesse de), ch. de Bouillac, par Asprières (Aveyron).

Solon (René), ch. de Boij, par Auch (Gers).

Salvandy (Mme la Ctesse de), ch. du Teinchurier, par Brive (Corrèze).

Saint-Laumer (Mme de).

Simony (Mme de), ch. de Saint-Remy, par Chalon-sur-Saône (Saône-et-Loire).

Subervielle (Mme), 39, r. du Colisée, Paris.

Savotte, pharmacien, à Saint-Étienne (Loire).

Salle (Mme la Ctesse de la), ch. de la Raye, par Vélines (Dordogne).

Sautel-Voisin (Mme), à Reims (Marne).

Soudée, avoué, à Angers (Maine-et-Loire).

Sampigny (Mme la Ctesse de), ch. de la Forêt-de-Viry, par Le Donjon (Allier).

Saint-Georges (Mme la C^esse de).

Savary (Mme), château de Cerisy, par Cerisy-la-Salle (Manche).

Simon (Mme), à Blois (Loir-et-Cher).

Storelli (Mme André), à la Fontaine-la-Gaure, Blois (Loir-et-Cher).

Schlossmacher, ch. de la Touche, par Ballan (Indre-et-Loire).

Savy (Mme de), ch. de Persanges, par Lons-le-Saunier (Jura).

Sales, ch. du Viérard, par Barjols (Var).

Subtil (abbé), curé d'Orbigny (Indre-et-Loire).

Saint-Blanquart (Mme de).

Sarinière (B. de la).

Sorin (Mme).

Société générale d'Éclairage et de Force motrice, Paris.

Société lyonnaise pour le Sauvetage de l'Enfance.

Saint-Cheron (M. R.), r. du Bel-Respiro, Paris.

Sonnois (le Général), à Amiens (Somme).

Sicot (Mme Georges), 12, r. Albert-Joly, à Versailles (Seine-et-Oise).

Sabatié-Garat (Mme la B^onne), 116, av. des Champs-Elysées, Paris.

Solminihac (Mme Louis de), 2, r. de la Marine, à Lorient (Morbihan).

Salle (Mme la Ctesse de la), ch. de la Mothe, par Célettes (Loir-et-Cher).

Sousselier (le Colonel), caserne des Minimes, à Paris.

Sénac (Mme) van Berckelan, à Mirande (Gers).

Sanguier (Amédée), ch. de Flibeaucourt (Somme).

Saint-Vulfran (Mme de), ch. de la Motte, par Andrieu (Calvados).

Scorbiac (M. le B^{on} de), ch. de Verlhaguet, par Montauban (Tarn-et-Garonne).

Saint-Hilaire (Mme de), à Alençon (Orne).

Saint-Charles (M. et Mme de), ch. du Bluizard, par Saint-Etienne-la-Varenne (Rhône).

Sudre d'Antrechans (Mme), ch. de Riperte, par Saint-Maximin (Var).

Salle-Estradère, ch. de Pléhant, par Vic-Fézensac (Gers).

Sartre de Salis (M. le B^{on} de), ch. de Pujolet, par Lanta (Haute-Garonne).

Sauvagnac (Mme de), ch. de Brun, par Libourne (Gironde).

Sicard (Mme), à Cabriès (Bouches-du-Rhône).

Sicher, notaire, à Bordeaux (Gironde).

Semur (Mme la B^{onne} de), 23, r. Nicolas-Simon, à Tours (Indre-et-Loire).

Sachy (Mme de), ch. de l'Epau, par Pezou (Loir-et-Cher).

Saint-Trivier (M. le Vte de), ch. du Thil, par Fleurie (Rhône).

Soula, de Trincaud-la-Tour et Cie, à Bordeaux (Gironde).

Sarcus (Mme la B^{onne} de), ch. de la Dufferie, par Mayenne (Mayenne).

Simon et fils, à Cherbourg (Manche).

Seguin (Mme), château de Déoma, par Annonay (Ardèche).

Seyssel (Mme la Ctesse de), ch. de Musin, par Belley (Ain).

Salles (Benjamin), 30, bd de la Liberté, à Paris.

Saglio (Fernand), 58, r. de Lisbonne, à Paris.

Salverte (Mme de), aux Avenues, à Compiègne (Oise).

Sens, pharmacien, place Hubac, à Toulon (Var).

Saint-Chéreau (Mme de), ch. de Verron, par La Flèche (Sarthe).

Sollier (M. et Mme), à Neufchâtel (Pas-de-Calais).

Souvestre (Mme), à Quimper (Côtes-du-Nord).

Saint-Martin (Mme Charles de), ch. de Sautier, par Laforce (Dordogne).

Saumery (Mme de), château du Tillay, par Corbeilles (Loiret).

Trédern (Mme la V^{tesse}), ch. de Brissac (Maine-et-Loire).

Trouillard (M. et Mme), ch. des Roboanneries, par Le Mans (Sarthe).

Thiéry (Mme), ch. de Thivaux, par Bretoncelles (Orne).

Treille (Mme).

Touchois de Belhoir (Mme), ch. de La Plaine, par Lencloitre (Vienne).

Trédern (Vte de), ch. de la Lisière, par Saint-Martin-du-Bois (Maine-et-Loire).

Tullaye (Mme la Ctesse de la), ch. de Montgiron, par Romorantin (Loir-et-Cher).

Tilière (Mme la M^{ise} de), ch. du Chazelet, par Saint-Benoist-du-Sault (Indre).

Terrasson (Mme de), à St-Savin-sur-Gartempe (Vienne).

Thorin, ch. du Tertre, par Le Mans (Sarthe).

Thiéry (Mme), à Châteaurenault (Indre-et-Loire).

Treuille (Raoul), ch. de Chitré, par Vouneuil-sur-Vienne (Vienne).

Thimel (M. et Mme), ch. de Bouessé, par Argenton (Indre).

Talvande de Mauny.

Tervet (Mme la Ctesse de), ch. de Saint-Jean, par Angers (Maine-et-Loire).

Turpault, ch. de la Conisière, par Cholet (Maine-et-Loire).

Traversay (Cte de), à Saint-Dyé-sur-Loire (Loir-et-Cher).

Thuet (Edmond de), ch. du Moulin, par Romorantin (Loir et-Cher).

Tocqueville (Mme la V^{tesse} de), au Pavillon-de-la-Garenne par Vendœuvres-en-Brenne (Indre).

Triaire (D^r), 25, r. de l'Archevêché, Tours (Indre-et-Loire).

Toffier (D^r), à Vouvray (Indre-et-Loire).

Tulasne, 31, r. de la Scellerie, Tours (Indre-et-Loire).

Taschereau, 260, bd Saint-Germain, Paris.

Thomé-Thibaudeau, 9, r. de Buffon, Tours (Indre-et-Loire).

Tampier, pharmacien, r. Colbert, Tours (Indre-et-Loire).

Tardiveau, à Vernou (Indre-et-Loire).

Tulasne (Mme Ernest), 62, r. Colbert, Tours (Indre-et-Loire).

Tiétard, 55, bd Béranger, Tours (Indre-et-Loire).

Tarragon (Mme de), 6, r. Traversière, Tours (Indre-et-Loire).

Tournebu (Mme de), ch. de Verdun, par Evrecy (Calvados).

Travernay (Mme de), à Chambéry (Savoie).

Tassel (Mme), à Cherbourg (Manche).

Terme (Mme de), ch. de Virazeil, par Marmande (Lot-et-Garonne).

Tréquel (Mme), à Noyon (Oise).

Thomas (Mme J.), à Avignon (Vaucluse).

Tassel (Mme), villa Bellevue, par Agon (Manche).

Taconnet, à Sainte-Adresse (Seine-Inférieure).

Touche (Mme la Ctesse de la), à Rennes (Ille-et-Vilaine).

Thoumlin, à Elbeuf (Seine-Inférieure).

Thomas (Mme Vve).

Thiroux (Mme), 1, pl. du Théâtre, Beauvais (Oise).

Tremblay (G.), à Vendôme (Loir-et-Cher).

Thilloine, château des Coutures, par Vivy (Maine-et-Loire).

Ticquet (Mme), ch. de Genvry, par Noyon (Oise).

Thouvenin, 3, r. Neuve-Baume, Poitiers (Vienne).

Texier (Mme), à Châtellerault (Vienne).

Thirion, 5, r. Debrousses, Paris.

Tanchon (Henri), avocat à la Cour d'appel, Limoges (Haute-Vienne).

Thomas (Mme la B^{onne}), ch. de Chanchus, par Sassenage (Isère).

Théméricourt (Mme de), ch. de Théméricourt, par Vigny (Seine-et-Oise).

Térèse (Mme), à Cougnessorbiel (Aude).

Thiébaut (Henri), 11, pl. de la Bourse, à Paris.

Tardieu, avocat, 26, av. de Messine, à Paris.

Thirion (Mme), 160, r. de Vaugirard, à Paris.

Tayac (Mme de), château d'Uzerche, par Uzerche (Corrèze).

Traynel (M. et Mme Octave de), ch. de Fontaine, par Sens (Yonne).

Traynel (Mme de), ch. de Saint-Blaise, par Bricquebec (Manche).

Terrier (Édouard), ch. de Mont-Riant, par Pau (Basses-Pyrénées.

Tarboriech (Joseph), Les Pradels, par Quarante (Hérault).

Touchimbert (Mme la C^sse de), ch. de Bois-Chapeleau, par Coulonges (Deux-Sèvres).

Tocqueville (Mlle Marie de), ch. de Tourlaville, par Cherbourg (Manche).

Talon (Mlle Marthe), ch. de Tours, par Dompierre-sur-Bèbre (Allier).

Thuriet (Mme), 4, r. Traverse-de-la-Clape, à Narbonne (Aude).

Taponier (Mme), Le Châble (Haute-Savoie).

Touchard (Mme), à Maisons-Laffitte (Seine-et-Oise).

Tricornot (de), à Farincourt, par Pressigny (Haute-Marne).

Thirion (Mme), 85, r. de Monceau, à Paris.

Toussaint (Octave), à Civray (Vienne).

Tollu (Mme Camille), 9, r. de Grenelle, à Paris.

Thomé-Genot, à Nouzon (Ardennes).

Tourreil (Mme), ch. de la Bretèche, par Villepreux (Seine-et-Oise).

Thierry, à Champlitte (Haute-Saône).

Thomas-Parfait, à Esternay (Marne).

Trédicini de Saint-Sévérin (M. le Mis), ch. de Candie, par Chambéry (Savoie).

Teste (A.), à Lormes (Nièvre).

Thimonier (L.), à Sazos, canton de Luz (Hautes-Pyrénées).

Tantaloup (de), à Mascara, province d'Oran (Algérie).

Ursulines de Bourges (les Religieuses) (Cher).

Vavasseur (Léonce), à Pont-Saint-Pierre (Eure).

Vilaine (Mme la Ctesse de), château de Sainte-Sévère (Indre).

Vasson (Mme de), château de Laleuf, par La Châtre (Indre).

Verrières (de), ch. de la Piverdière, par Angers (Maine-et-Loire).

Vitré (Mme la Mlle de), ch. de Rochefort-sur-Loire (Maine-et-Loire).

Vaugion (de), 38, avenue de Paris, Le Mans (Sarthe).

Vavasseur (Mme la B^se de), ch. de Villers, par Lizy (Seine-et-Marne).

Verdier (du), à la Trimouille (Vienne).

Villeneuve-Guibert (Cte de), ch. de Beaulieu, par Joué-lès-Tours (Indre-et-Loire).

Villette (de), ch. des Ailliers. par Angers (Maine-et-Loire).

Vingtrie (de la), à Angers (Maine-et-Loire).

Vernouillet (de), ch. de la Caillottière, par Candé (Maine-et-Loire).

Vauche (de la).

Ville-Baugé (Mme la C^sse de la), ch. de Candé, par Les Montils (Loir-et-Cher).

Vallois (de), ch. de Vallette, par Villefranche-sur-Cher (Loir-et-Cher).

Verbey (Mme Vve Jules), ch. du Bas-Guéret, par Saint-Aignan (Loir-et-Cher).

Voisin, 42 *bis*, r. Victor-Hugo, Tours (Indre-et-Loire).

Voisin (Mlle Marie), Paris.

Vétillard, à Château-la-Vallière (Indre-et-Loire).

Varvoux (Joseph), 80, r. de Boisdenier, Tours (Indre-et-Loire).

Vergne (Cte), à Bourges (Cher).

Ville-Baugé (Mme de la), à Orléans (Loiret).

Vilade (Mme de), à Alger.

Verlet (Mme), Le Mans (Sarthe).

Vibraye (Mme la Ctesse de), à Blois (Loir-et-Cher).

Verley (Mme), à Lille (Nord).

Verdalle (Mme la Ctesse de), ch. de Chaillac (Indre).

Verdalle (la famille de), ch. de la Chaussade, par Lé-
paud (Creuse).

Vassal (Mme la M^ise de), ch. de la Corse, par Belvès (Dordogne).

Villeperdrix (Mme de), à Nimes (Gard).

Vergennes (Cte de), ch. de Pyvotins, par Pouilly-sur-
Loire (Nièvre).

Verna (Mme la B^nne de), ch. de Verna, par Crémieu
(Isère).

Vallée (Mme de), 12, r. Vézelay, Paris.

Vast (Cte de), 3, bd de Courcelles, Paris.

Vuitry (Mme A.), 13, r. de Téhéran, Paris.

Villequier (Mme de), ch. de Trémauville, par La Bouille
(Seine-Inférieure).

Villiers (Mme de), à Mantes (Seine-et-Oise).

Verrier (abbé), à Chinon (Indre-et-Loire).

Venassier, pharmacien, à Ancenis (Loire-Inférieure).

Vallette, place du Château, Romorantin (Loir-et-
Cher).

Veyrat (Henri), à Grésy-sur-Isère (Savoie).

Vergier de Kerholay (Mme du), ch. de Keraouël, par
Plounevez-Lochrist (Finistère).

Villers (Mme de).

Villette (Mme de).

Vathaire (Mme G. de), ch. des Charmes, par Méziles
(Yonne).

Vallet, à Tours (Indre-et-Loire).

Villiers (Cte de), à Montdidier (Somme).

Vesins (Mme la Ctesse de), 40, rue Barbet-de-Jouy,
Paris.

Vimal de Lanaudie (Mme), à Ambert (Puy-de-Dôme).

Villiers de l'Isle-Adam (A. de), Le Mans (Sarthe).

Vidal (Mme Rosalie), à Saint-Thibéry (Hérault).

Van de Wynckele, 28, r. Washington, à Paris.

Vaulogé (Mme la V^tesse de), ch. de Vaulogé, par Noyen-sur-Sarthe (Sarthe).

Villemont (Mme de), Autun (Saône-et-Loire).

Veyron la Croix (Mme), 11, r. Cornélie-Gémond, à Grenoble (Isère). ·

Villiers (Mme de), château de Warsy, par Montdidier (Somme).

Valdrôme (Mme de), 35, av. d'Antin, à Paris.

Villary de Fajac, château de Sibra, par Mirepoix (Ariège).

Ville de Tra·ernay (M. le Mis de), ch. du Fontanil, par Chambéry (Savoie).

Vaissière (M. de), ch. de la Gazelle, par Saint-Flour (Cantal).

Verna (M. le B^on de), ch. de Haute-Pierre, par Crémieu (Isère).

Voyot (Auguste), à Guillon (Yonne).

Villars (Mme la B^onne de), à Carlepont (Oise).

Varinois, 8, r. du Printemps, à Paris.

Vicaire (Mme), 30, r. Gay-Lussac, à Paris.

Villebois-Mareuil (Mme la V^tesse de), 13, r. Saint-Dominique, à Paris.

Villatte des Prûgnes, ch. des Prûgnes, par Vallon-en-Sully (Allier).

Virieu, lieutenant-colonel, à Beauvais (Seine-et-Oise).

Veziau, place Saint-Michel, à Castelnaudary (Aude).

Wolff (D[r]), r. Bernard-Palissy, Tours (Indre-et-Loire).

Walon (Michel), château de Saint-Germer-de-Fly (Oise).

Wacrennier (Mme), à Libourne (Gironde).

Walbin (Mme Georges).

Waresquiel (M. le Vte de). 18, av. d'Antin, à Paris.

Weiss-Frézard (Mme), à Ronchamp (Haute-Saône).

Witt (Mme Cornelis de), 15, r. Daru, à Paris.

TABLE DES MATIÈRES

Tours, Imprimerie DESLIS FRÈRES.

www.ingramcontent.com/pod-product-compliance
Lightning Source LLC
Chambersburg PA
CBHW051726090426
42738CB00010B/2107

www.ingramcontent.com/pod-product-compliance
Lightning Source LLC
Chambersburg PA
CBHW051726090426
42738CB00010B/2107